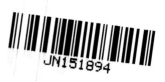

生涯学習と社会教育の基礎

津田　英二
伊藤真木子　［編著］
鈴木　眞理

人言洞

【執筆者一覧】

津田英二＊	神戸大学大学院人間発達環境学研究科	[第１・３・10・11章]
永井健夫	青山学院大学コミュニティ人間科学部	[第２章]
伊藤真木子＊	青山学院大学コミュニティ人間科学部	[第３・４章]
稲原美苗	神戸大学大学院人間発達環境学研究科	[第５章]
仲村拓真	山口県立大学国際文化学部	[第６章]
安藤耕己	山形大学地域教育文化学部	[第７章]
清野未恵子	神戸大学大学院人間発達環境学研究科	[第８章]
熊谷愼之輔	岡山大学学術研究院教育学域	[第９章]
鈴木眞理＊	青山学院大学名誉教授	[第11・12章]

（執筆順，＊は編者，所属は執筆時）

はしがき

本書は，社会教育論，生涯学習論の入門書として編まれた。入門書であるからには，この本を手にとってくださった読者に，「社会教育，生涯学習っておもしろい，興味深い」と思っていただきたいと思うし，しっかりエッセンスをお伝えしたうえで，さらに深く学ぼうとしていただきたい。「おもしろい」と感じるポイントは，人によって異なる。本書を分担執筆した各章の著者も，それぞれ大事にしていることが異なる。読者のみなさんには，本の各所に散りばめられている「おもしろさ」のポイントのどこかに引っかかっていただきたい。

とはいえ，どのような領域でも，共有すべき基礎的な知識や考え方がある。社会教育論，生涯学習論においても，もちろんそういったものがある。しかし，そういった知識や考え方の多くは，文脈のなかに位置づけられなければ「おもしろい」わけがない。したがって，専門用語の解説を並べるだけでは「入門」にはなりえない。エッセンスをストーリーとして語ることで，はじめて入門書たりえる。

本書の源流は，碓井正久・倉内史郎編『新社会教育』（学文社，1986年）に行き当たる。この本の後継として，倉内史郎・鈴木眞理編著『生涯学習の基礎』（学文社，1998年），鈴木眞理・永井健夫・梨本雄太郎編著『生涯学習の基礎〔新版〕』（学文社，2011年）があり，本書はこれら本の末裔といえる。編者代表者（津田）も，学生時代に初めて手に取った社会教育関連の本のひとつが，『新社会教育』であった。『新社会教育』は，まさにエッセンスがストーリーとして簡潔に書かれており，学生時代に，何かにつけこの本を羅針盤のように使っていたことを思い出す。

本書も，少しでも，初学者にとっての羅針盤の役割を果たすことができればと思う。とはいえ，『新社会教育』が編まれた時代から，社会教育や生涯学習をめぐる状況が大きく変化してきた。1986年といえば，まだ冷戦構造さえ残っている「昭和」の時代だった。それから40年足らずのうちに，パソコンの時代を経てスマホが普及し，私たちの情報取得のあり方は大きく変わった。オンデマンドの情報を手元で手軽に取得できる時代になり，活字離ればかりかテレビ離れまで広がった。人々の学習行動が変わっただけでなく，学ぶべき内容も変わってきた。情報網と交通網の発達によって地球が狭くなり，深刻な環境破壊，気候変動，人口減少，経済の停滞など，人類が直面する課題の解決のために，人々の学びが不可欠だとされるようになった。社会教育や生涯学習のエッセンスを語る際のストーリーも，1986年と現在とでは，大きく異なる。

本書は，人類が直面する課題をいくつかピックアップし，それらの解決に関わる学びに焦点を合わせることで，基本的なストーリーを構成した。消費行動の問題，少子高齢社会，人口減少，排除をめぐる問題，ジェンダー問題，情報社会をめぐる問題，コミュニティの変容，自然環境の問題，学校をめぐる問題を軸とするストーリーによって，社会教育と生涯学習のエッセンスを語っている。

時代の波に翻弄されながらも，社会教育と生涯学習の「おもしろさ」のエッセンスは，人々の生き生きとした生き様と学びとがつながっているところにあると思う。それぞれの章の記述の向こう側に，生き生きと生きる生活者，学習者の姿を感じながら読み進めっていただけたら幸甚である。

編者代表

津田　英二

目　次

はしがき　〈*i*〉

第1章　さまざまな学びの形とそれを支えるしくみ ―――― *1*
　1　学びを支えるしくみを理解する意味　〈*1*〉
　2　生涯学習と社会教育の意味と成り立ち　〈*2*〉
　3　生涯学習と社会教育を支える制度　〈*3*〉
　4　多様な学びの形　〈*5*〉
　5　学ぶことと教えること　〈*6*〉
　6　社会的な課題と学び　〈*8*〉

第2章　地球市民としての人々の学び ―――― *9*
　1　「地球市民」とは誰か　〈*9*〉
　2　危機的な問題が山積する現代　〈*10*〉
　3　「問題」と「問題」の絡み合い　〈*12*〉
　4　地球社会を見渡す消費者教育　〈*14*〉
　5　消費者シティズンシップ教育と地球市民　〈*15*〉
　6　「共生の社会教育」の視点　〈*18*〉

第3章　少子高齢社会・人口減少社会における人々の学び ―――― *22*
　1　人口動態と社会教育・生涯学習との関わり　〈*22*〉
　2　少子高齢化と社会教育・生涯学習の課題　〈*23*〉
　3　人口減少がもたらす社会教育と生涯学習の課題　〈*28*〉
　4　時代を象徴する障害者の生涯学習推進政策　〈*31*〉

第4章　インクルーシブな社会に向けた人々の学び ―――― *34*
　1　社会教育・生涯学習における「排除」の問題　〈*34*〉
　2　インクルージョンの理念　〈*37*〉
　3　インクルーシブな社会に向けた学び　〈*42*〉

第5章　ジェンダー平等社会に向けた人々の学び ―――― *48*
　1　「ジェンダー」とは何なのか　〈*48*〉
　2　数値データからみる日本の女性がおかれている状況　〈*49*〉
　3　ケア労働とジェンダーの関係性を考える　〈*51*〉
　4　ジェンダー平等の意識を育む学び　〈*52*〉
　5　ジェンダー平等と社会教育　〈*54*〉
　6　ジェンダー平等社会に向けた学び―哲学カフェの取組　〈*57*〉
　7　ジェンダー平等をめぐる社会教育　〈*59*〉

第６章　ICT 社会の課題と人々の学び ―――― *63*
1　ICT と生涯学習　〈*63*〉
2　ICT 社会における学びの推移　〈*67*〉
3　ICT 社会における学びをめぐる課題　〈*71*〉

第７章　コミュニティが変容する社会における人々の学び ―――― *76*
1　コミュニティとは何か　〈*76*〉
2　近現代における地縁型コミュニティの変容　〈*77*〉
3　テーマ型コミュニティとネット空間におけるコミュニティの展開　〈*80*〉
4　コミュニティにおける学びの特徴と展開　〈*82*〉

第８章　循環型社会に向けた人々の学び ―――― *88*
1　人間と自然との関わりを創り直す社会に向けて　〈*88*〉
2　持続可能な開発という考え方が生まれた背景　〈*88*〉
3　持続可能な開発のための教育（ESD）と SDGs　〈*90*〉
4　持続可能な開発を推進する主体とまちづくり　〈*91*〉
5　農村における資源循環の事例と多様なプレイヤー　〈*94*〉
6　農村の資源循環に埋め込まれた学び　〈*96*〉
7　循環型社会の形成を ESD として進めるうえでの課題　〈*97*〉
8　自然環境との相互作用から生まれる自律的な学びへ　〈*99*〉

第９章　学校がかかえる課題をめぐる人々の学び ―――― *101*
1　学校がかかえる課題―不登校　〈*101*〉
2　学校がかかえる課題―学校における働き方改革　〈*103*〉
3　コミュニティ・スクールでの学びあいによる学校課題の解決　〈*106*〉
4　学校に関わる固定観念の「学びほぐし」と公民館と連携した地域からのアプローチ　〈*108*〉

第10章　生涯学習と社会教育の現在 ―――― *113*
1　生涯学習と社会教育，それぞれの意義　〈*113*〉
2　学びの多様性と構造　〈*118*〉
3　学びを支えるしくみ　〈*123*〉

第11章　生涯学習と社会教育の歴史と理念 —— 130
1　生涯学習と社会教育の歴史を構成してきた要素〈130〉
2　社会教育政策の意味と役割〈133〉
3　社会教育法制の成立と社会教育行政の展開〈136〉
4　生涯教育概念の移入と社会教育行政〈139〉
5　生涯学習政策のなかでの社会教育政策〈140〉
6　学校教育への注目と社会教育行政への逆風〈142〉
7　社会教育政策の新しい展開への期待〈147〉
8　社会教育行政の盛衰〈148〉
9　役割転換を模索する社会教育行政〈150〉

第12章　社会教育の役割のこれまでとこれから —— 153
1「持続可能」ということ〈153〉
2「元気が出るテレビ」〈155〉
3　社会教育の学習課題〈156〉
4　社会教育と持続可能性〈158〉
5　これまでの社会教育・これからの社会教育〈160〉
6　社会教育委員という存在〈162〉

資　料 —— 164
■関連法規〈164〉
■基礎データ〈176〉
■関係年表〈180〉

索　引 —— 182

第1章 さまざまな学びの形とそれを支えるしくみ

1 学びを支えるしくみを理解する意味

人が学んでいる状況を思い浮かべてほしい。

ある読者は，机と椅子が並んでいる教室のような場所で，先生の話を聞きながら，テキストやノートや鉛筆を使って学んでいる状況を思い浮かべるかもしれない。また別の読者は，自宅でパソコンの前に座って動画を視聴している状況を思い浮かべるかもしれない。もし，体育館で友だちと球技に打ち込んでいる状況を思い浮かべたり，あるいはキャンプ場で飯ごう炊さんをしている状況を思い浮かべたりする読者がいたとしたら，学びをかなり柔軟に捉えているということになるだろう。

実際に，スポーツやレクリエーションは学びの一形態として理解される場合が多い。学びを個人や集団が変化する過程に生じるものと捉えれば，学びは教室よりも社会のさまざまな場面で起こると考えられる。スポーツやレクリエーションは，個人や集団に変化をもたらす可能性の高い学びの活動なのである。

社会はさまざまな背景から，個人や集団に変化をもたらす学びを求める。企業の生産性を高めるために学びが求められることもあるし，住みよい地域をつくるために学びが求められることもあるし，地球環境問題を解決するために学びが求められることもある。また，個人が自発的に学びを求めることもある。転職するために新しい知識や技術を学ぶことを求めることもあるし，日々の単調な生活に刺激を加えるために学びを求めることもある。

このように，社会や個人によって必要とされる学びがある。必要とされる学びは，偶発的に起こることもあるが，意図的に起こそうとすることもある。学びを意図的に起こそうとする場合，学びを支えるしくみが必要とされる。学びが生まれる空間や，学びをサポートする人，学びを生み出すプログラムなどが，学びを支えるしくみとして生み出される。『生涯学習と社会教育の基礎』

と題した本書は，学びがどのように起こるのかということや，学びを支えるしくみはどのように成り立っているのかといったことについて扱う。

2 生涯学習と社会教育の意味と成り立ち

都道府県や市区町村の役場で学びを支えるしくみを担当している部署を探すと，ある役場では「社会教育課」だったり，別の役場では「生涯学習課」だったりする。生涯学習や社会教育という言葉が使われるのだが，この2つの言葉は近い関係にあり，ときには混同される場合もある。生涯学習と社会教育について述べていく本書を読み進めるにあたって，この両者の概念を整理しておく必要がある。

教育基本法の第3条には次のように書かれている。「国民一人一人が，自己の人格を磨き，豊かな人生を送ることができるよう，その生涯にわたって，あらゆる機会に，あらゆる場所において学習することができ，その成果を適切に生かすことのできる社会の実現が図られなければならない」。すなわち，生涯学習が「生涯にわたる学び」「あらゆる機会・場所での学び」「学びの成果の活用」といった要素で説明され，その振興がめざされている。

他方，社会教育については，社会教育法の第2条で次のように定義がなされている。「学校の教育課程として行われる教育活動を除き，主として青少年及び成人に対して行われる組織的な教育活動（体育及びレクリエーションの活動を含む。）をいう」。

また同じ社会教育法の第3条では，国及び地方公共団体の社会教育の奨励について「すべての国民があらゆる機会，あらゆる場所を利用して，自ら実際生活に即する文化的教養を高め得るような環境を醸成するように努めなければならない」としている。すなわち，社会教育は「学校の教育課程以外」「あらゆる機会・場所での学び」「実際生活に即する文化的教養」といった要素で説明され，奨励されている。

このように生涯学習と社会教育の概念は，学校の教育課程を含むか含まないか，学びの成果の活用に焦点を当てるか，文化的教養を高めることに焦点を当てるかといった差異はあるものの，共有部分が大きい。しかし，それぞれの成り立ちが異なっていることもふまえると，どちらか一方の語に集約しきれないことがわかる。

生涯学習（当初は生涯教育という語が一般に使われていた）は，1960年代にユネスコが提唱して各国に伝わっていった語である。変化の激しい社会に対応する学び，山積する社会的課題に立ち向かう学びという観点から，現代社会における生涯学習の必要性が説かれた。日本では1980年代に教育改革の柱として生涯学習体系への移行が提起されたことで，生涯学習という語が社会のなかに入り込んできた。

国際的には，現在でも生涯学習は，教育政策において最も重視されている概念のひとつである。たとえば，2015年に国連総会で採択された「我々の世界を変革する：持続可能な開発のための2030アジェンダ」にあるSDGs（持続可能な開発目標）には，「すべての人々に包摂的かつ公平で質の高い教育を提供し，生涯学習の機会を促進する」と書かれている。

他方，現在の社会教育は，第二次世界大戦後の新しい日本社会を形成する使命を託されたところに源流がある。国民が平和的・文化的・民主的な国や社会をつくる主体とならなければならないという意図から，社会教育の制度がつくられた。

なお，社会教育という語自体は第二次世界大戦前にもあり，文部省のなかに社会教育課という部署もあった。社会教育は，日本で独自に発展してきた概念だということができ，同様の概念を使っているのは東アジア圏に限られ，それ以外の地域では社会教育に相当する語がない。

3　生涯学習と社会教育を支える制度

このように日本社会においては社会教育の制度が古くからあり，そこに生涯学習の制度が新しく入ってきたということができる。

教育基本法第12条は，国および地方公共団体が，図書館，博物館，公民館そのほかの社会教育施設の設置，学校の施設の利用，学習の機会および情報の提供などによって社会教育を奨励・振興しなければならないとしている。教育基本法に定められている社会教育の奨励・振興を具体的に進めるために，社会教育法，図書館法，博物館法といった法律がある。なかでも社会教育法は，社会教育制度の根幹に関わる規定がなされており，社会教育職員，社会教育関係団体，社会教育委員，公民館の設置や運営，学校施設の利用，通信教育といった項目によって成り立っている。

これらの法律は，教育行政（文部科学省および地方自治体の教育委員会）が運用することを前提としており，職員，組織，施設を資源として活用することなど，計画的に人や文化を育てる制度の枠組みを規定している。

他方，生涯学習については，職員，組織，施設などを規定している法律がない。その代わり生涯学習の振興は，さまざまな担い手が行うものという前提がある。生涯学習振興法は，民間事業者の能力活用や，文部科学省，経済産業省などの間の連携を求めている。生涯学習の振興は，多様な担い手が横断的に取り組むものという前提で制度設計されているということができる。

したがって，生涯学習を振興する拠点となる施設は，公民館，博物館，図書館といった社会教育施設はいうまでもなく，生涯学習センター，体育館等スポーツ施設，男女共同参画センター，青少年施設，子育て支援施設，野外活動施設，ホール，ギャラリー，市民センター，地域福祉センター，カルチャーセンター，学校，職業訓練施設など，行政の管轄や行政と民間の枠を越えて多様に存在する。生涯学習の振興を進める主な担い手も，社会教育職員だけでなく，学校の教職員，社会福祉関係職員，職業訓練などに関わる職員，NPO団体の職員，企業の人事関係職員，各種団体のメンバー，ボランティアなど，多様に存在しえる。

施設や担い手が多様であることによって，生涯学習を振興しようとすると，さまざまな行政部局や行政と民間を越えた連携・協働が必要になるのは自明である。しかし，目的が異なる複数の組織が連携・協働するのは容易でない。連携・協働プロジェクトの理念や目的を共有できることが，連携・協働を成立させる条件になると考えると，その理念や目的を共有するためのしくみや方法が構築される必要がある。生涯学習審議会答申「社会の変化に対応した今後の社会教育行政の在り方について」(1998年) において，社会教育行政は「ネットワーク行政」であるべきとされたのには，こうした背景がある。

このように生涯学習と社会教育の概念や制度に違いがあるものの，実態としては一体的に運用されていることが多い。教育委員会の担当部署の名称を「社会教育課」あるいは「生涯学習課」とする自治体があったりすることや，社会教育主事・社会教育士養成課程や社会教育主事講習の科目に「生涯学習概論」「生涯学習支援論」があることなども，社会教育と生涯学習の近接性を表している。本書で「生涯学習と社会教育」と併記する場合が多いのも，生涯学習と社会教育を区別しにくい実態があるからである。とはいえ，この２つの概念や制度には決定的な違いがあることも事実であるため，本書のなかでも文脈によっては併記を避けている部分がある。

4　多様な学びの形

個人や集団が変化する学びには，さまざまな形がある。たとえば，料理の腕を上げたいと考えたとき，どのような方法で学ぶかということを想像してほしい。料理の上手な人から教えてもらう人もいるだろう。インターネットで調べて学ぶ人もいるだろう。図書館で料理の基礎を学ぶことのできる本を探そうとする人もいるだろう。料理教室や料理学校に通うことを考えて情報を集める人もいるだろう。料理はつくりながら覚えるものだと考えて，実際に具材や調味料と格闘しながら学ぶ人もいるだろう。状況に応じて，一人の人がいろいろな方法を併用することもあるだろう。

学びは，教える人がいて成り立つ場合もあるし，教える人が不在の場合もある。今度は，教える人の立場に立って，学びの形を考えてみよう。たとえば，成人病予防のための食生活改善を住民に説明しようとしている保健師は，どのような学びを住民に提供しようとするだろうか。講演会を開いて栄養学の専門家に講演をしてもらうのが効果的だと考えるかもしれない。正確な情報を書き込んだチラシを作成し配布するのがよいと考えるかもしれなし。しかし，講演会に足を運ぶ人，チラシを手に取って読む人は，学ぶ意欲のある人たちで，そのような人たちの多くは，自分から知識や情報を得る力のある人たちと考えてもよい。最も正しい知識や情報を伝えなければならない住民は，成人病にも食生活にも関心が薄く，したがって講演会に足を運んだり，チラシを手に取ったりすることもないような人たちだともいえる。学ぶ意欲の少ない住民に，正しい知識や情報を伝えようとしたら，さまざまな方法を駆使しなければならない。そこで保健師は，関心の薄い人でもついつい足を運びたくなる講演会，ついつい目を通したくなるチラシをつくろうとするだろう。うまくいけば，チラシに掲載された漫画を笑いながら読むうちに，知らず知らずのうちに健康な食生活に関する知識が入り込み，学んだという意識がないままに食生活の改善がなされるということもありえる。

学びは，誰が意図している学びか，学ぶ人がどのような意識をもって臨んでいる学びか，教える人がどのような人の学びを想定しているかといった要素によっても，さまざまな形を想定できるのだ。このように学びに焦点を置く理論を学習論という。例えばマルカム・ノールズは，自己管理的な成人の学びの特徴を捉え，成人学習論を構築した。

こうした多様な学びの形を，いったん次のように整理しておこう。まず，学ぶ人に学ぼうとする意図がある学びがある。この場合，独学，グループ学習，教授型の学習といった形での学びになる。その対極に，学ぶ人に学ぼうとする意図がない学びもある。この場合，教える人が学びをつくりだそうとする形と，学びをつくりだそうと意図する人がいない形がある。いずれの場合も学ぶ人にとっては偶発的な学びである。

5　学ぶことと教えること

生涯学習と社会教育について考えるとき，学習と教育の関係を整理しておく必要がある。

学習という語は「学ぶ人」に焦点が合っている。教育という語は「学ぶ人」に働きかける作用に焦点が合っている。そのように捉えると，生涯学習という語のほうが，社会教育という語よりも，「学ぶ人」の学ぶ自由を保障する語のように感じられる。

しかし，次の2つの状況を考えると，学習と教育の関係はもう少し複雑なものであることが理解されるだろう。

第一に，教え合う，あるいは学び合うという関係が成り立っているときの，学習と教育の関係である。この場合，「学ぶ人」と「教える人」が分かれておらず，学習と教育の区別は曖昧である。社会教育の領域では，こうした学びの形を相互教育と呼んでいる。

第二に，学習に対して教育が間接的に関与する場合である。たとえば，「遊びのなかに学びがある」ことがはっきりしているとき，教育は充実した遊びの環境をつくることや，遊びのなかに教育的要素を意図的に仕込むといった行為によって，学習に働きかける。この場合，教育は学ぶ人に気づかれないまま，学びに影響を与えているといえる。社会教育の領域では，こうした間接的に学びに影響を与える実践も重視する。

社会教育法の第2条にある社会教育の定義には，「組織的な教育活動」という概念が含まれる。「組織的」であることの意味について考えてみよう。最も組織的な教育は，学校教育である。学校教育においては，学校の施設や設備，教科書やカリキュラム，教員組織や教育行政組織などが，法律に基づいて計画的に整備されている。生涯学習や社会教育にも，先述したように施設や職員組織があり，それを支える法律もあるが，その組織化のレベルは学校教育に比べると圧倒的に低い。とはいえ，たとえば参考書を用いて独学で学ぶ個人学習を想定したとしても，参考書には学習がうまく進むように単元が配列されているなどの組織化が施されている。まったくの偶発的な学び以外には，学びを促進するための組織的な営みが付随している。すなわち，組織的な教育活動は，私たちの身の回りに，さまざまな形で存在し，さまざまな学びに影響を与えているのだといえる。

このように，学習と教育は相互に重なり合っており，そのことが生涯学習と社会教育の概念的な関係を複雑にしている。

6 社会的な課題と学び

本書は，地球規模の課題から身の回りの課題まで，人類が解決しなければならないさまざまな課題に関わる学びから，生涯学習と社会教育を捉える構成にしている。多くの場合，課題解決の過程で学びが生まれ，また必要とされる。たとえば，人類の持続可能な発展が危ぶまれるという課題に立ち向かおうとすると，専門家が人類の発展のための技術を高めるだけでは不十分である。人々が生活様式を変えることを求められ，そのための意識変容や行動変容が期待される。国連が主導して持続可能な開発のための教育（ESD）を推進したり，また持続可能な開発目標（SDGs）を掲げた国際的な運動がさまざまな方法で人々の意識に働きかけようとしているのは，そのためである。

私たちは，学ばなければならない課題に囲まれているといってよい。しかし，「学ばなければならない」というだけでは，実際の学びは起こらない。生涯学習や社会教育は，義務教育の教育課程のような強制性はもたず，学習者の学習の自由を原理としている。学習者の「学ぼう」とする意欲が不可欠なのである。したがって，どのようにして人々の間に学びが立ち上がってくるのか，どのようにして学習者の学ぼうとする意欲が喚起されていくのか，ということも捉えなければならない。

それぞれの課題には，それぞれの学びへのアプローチがあり，また生涯学習や社会教育の実践の蓄積がある。本書では，さまざまな課題に即して人々の学びを取り上げることで，生涯学習と社会教育の現代的意義の理解を深め，その学びを促進するための組織・体制や方法などの基本的なことがらを検討していく。

［津田英二］

【参考文献】

ノールズ M.（2002）『成人教育の現代的実践』堀薫夫・三輪建二訳，鳳書房
鈴木眞理（2006）『学ばないこと・学ぶこと』学文社
鈴木眞理・松岡広路（2003）『生涯学習と社会教育』学文社

第2章

地球市民としての人々の学び

1 「地球市民」とは誰か

「自治体」（地方公共団体）の種類の１つに札幌市，名古屋市，福岡市といった「市」があり，そこに住民票を登録している人は「市民」と呼ばれる。これに倣《なら》うと，「地球市民」とは「地球」という自治体に住民票がある人たちである，ということになるが，そうではない。自治体に住民登録されているという立場としての「市民」と，「地球市民」という場合の「市民」とでは，意味が異なる。仮に，権利と義務を対等・平等に共有する人々によって構成され，統治機構と相互に影響しあいながらも，その人々が主役となって自律的に運営される社会を市民社会と呼ぶとしよう。「地球市民」の「市民」は，この市民社会の構成員という意味での市民に近い。つまり，国籍，民族的出自，人種などの違いに関係なく，人類共同体としての地球社会を構成する私たち一人ひとりが「地球市民」である。

地球市民であることはローカルな地域社会と疎遠になるということではない。むしろ，地球市民とは，自分が居住する地域と世界がつながっていることを理解している市民，自分たちの地域社会を大切に思うからこそ地球社会の問題に関心を寄せる市民のことだといえよう。たとえば，日本社会にも浸透してきた言葉で，とりわけ環境問題に取り組む運動において唱えられるものとして，“Think globally, act locally” というフレーズがある。これは，世界や地球全体のことを考えながら，自分の身の回りでできることに取り組んでいくことを促すものであるが，地球市民であることの基本的意味を気づかせる言葉でもある。

ところで，多くの人々にとって，日常生活を営む場は一定範囲の地域にある。それが都心であっても，山間部や離島であっても，個々の地域は世界全体からみれば小さな片隅でしかない。その片隅どうしが相互につながり合ってゆくのがグローバル化である。歴史を振り返ってみると，たとえば，戦国キリシタン大名の大友氏らがローマに派遣した天正遣欧少年使節の若者たちは，1582年２月に長崎を出発し，1584年８月にポルトガルの首都リスボンに到着した。帰路はさらに時間を要し，1586年４月にリスボンを出港したあと，長崎に着いたのは1590年７月であったそうだ。今日，長崎・リスボン間は，飛行機を乗り継いで24時間以内で移動することができる。数百年前と比べると，遠隔地間でヒト・モノが行き来するのに要する時間は，驚異的に短縮されている。また，ICT の発達とインターネットの普及により，情報が瞬時に拡散し，世界の人々に共有されることが容易になっている。

このように，移動と通信に関する技術やネットワークがきわめて高度に発達した今日，ヒトやモノの国境を越えた往来や交流が盛んになるだけでなく[1)]，生産・流通・消費それぞれの面で国際的な相互依存が一段と進み，家族であれ企業であれ，あらゆる集団や組織が同一の世界的経済システムに組み込まれているかのような様相である。また，経済に限らず文化的・社会的な現象や問題も，短時間のうちに国境を越えて広がり共有されるようにもなっている。20世紀の終盤近くになって，このグローバル化が加速度的に進んでいくなかで，さまざまな分野で国境を越えた緊密な相互関係が深まり，世界全体の一体性が高まっていった。

2　危機的な問題が山積する現代

では，地球市民という立場からすると，私たちはどのような学習に取り組む必要があるかといえば，それは当然，民族や国籍にかかわらず全人類が共通して直面している問題に関する学習ということになろう。今や世界共通語のようになっている SDGs には，そのような問題の数々が詳しく具体的に描かれているが，ここではまず，SDGs が国連で採択される以前の議論を確認しておこう。

グローバル化が進みはじめた時期にあった1965年，その後の世界各国の教育・文化や公共政策に大きな影響を与える「生涯教育」の理念がユネスコ（UNESCO）によって提起された。その中心的役割を果たしたのがポール・ラングラン（Lengrand, P.）である。彼は従来の教育制度が現代の要請に対応できていないことを批判し，今日の社会を生きる誰もが生涯にわたって享受できる教育システムの構築を求めた。こうした改革が迫られる背景として，ラングランは1970年に著した*An Introduction to Lifelong Education*（波多野完治訳『生涯教育入門（第一部）』全日本社会教育連合会，1990年再版）のなかで，人類が以前は経験しなかったような種々の困難な「挑戦」に対峙していることを指摘し，最も重要なものとして，変化の加速，人口の増大，科学的知識およびテクノロジーの進歩，政治的挑戦，情報，余暇，生活および人間関係の様式における危機，身体，イデオロギーの危機などをあげている。これらの「挑戦」は，生涯教育の必要性の原因であると同時に，現代人が対処の仕方を考えなければならない深刻な課題でもある。

その後1972年，スウェーデンのストックホルムで国連人間環境会議が開催された。これは，環境を中心テーマとして各国の政府代表者が集まって協議する初めての国際会議であった。当時，先進各国で工業化を原動力とする経済発展が進んでいく一方，その弊害として環境破壊の問題が徐々に現れはじめた。また，発展途上国における貧困やそれと関連する公衆衛生の問題なども注目されはじめた。会議は，このような環境問題をめぐる関心の高まりを受けて開かれたものであり，その成果として「人間環境宣言」が採択された（1972年6月16日）。「宣言」では，「人は環境の創造物であると同時に，環境の形成者である」という前提のもと，人間環境の擁護・向上が，平和や経済・社会の発展とともに，人類がめざすべき至上の目標であるとされた。そして，その目標を達成するためにすべての国と人々に共通に要請される努力に関して，人は環境に対する権利と義務を負うこと，天然資源は適切に保護されるべきこと，社会・経済・環境の面ですべての人に有利な居住及び都市計画であること，核兵器・大量破壊兵器の廃棄に向けた合意に努めるべきこと等々，26項目の「原則」が提起された。

ラングランの「挑戦」も人間環境宣言の「原則」も，その多くは，科学およびテクノロジーに支えられて産業が発展し，より一層の物質的豊かさ，効率性，快適性などが実現されてきたことの代償として現代人が直面するに至った課題であるといえる。つまり，今日の社会は，これまでの近代化が生じさせた数々の困難な課題に対処しながら，なお近代化の過程を進もうとしているわけで，このような状況を社会学者のウルリッヒ・ベック（Beck, U.）は「再帰的近代化（reflexive modernization）」という言葉で捉える。そして彼はこの現代社会について，科学技術と生産力の発達に伴う破滅的なレベルの危険にさらされている「リスク社会（risk society）」であると指摘し，リスク社会化してきたことと社会構造・生活様式との関係，危険が発生・増大するしくみ，危険を制御・克服することの可能性などについて検討している。

最も代表的な危険は核・原子力である。国家指導者の理性が最大限働いたとしても，偶発的に核戦争が起きる危険性はゼロではない。また「平和利用」の原子力発電所も完璧に安全な施設ではなく，スリーマイル島（アメリカ合衆国，1979年），チョルノービリ（ウクライナ，1986年），そしてフクシマ（日本，2011年）など，深刻な事故が何度も起きている。あるいは，温室効果ガスの排出による「温暖化」は，異常気象の増大，海面上昇，永久凍土の融解を生じさせている。そのほか，化学工場やコンビナートの大爆発，毒物が混入した食品の流通，研究所で培養された細菌やウイルスの流出など，広範囲に甚大な被害を及ぼす事故が起きる危険に満ちている（しばしば，実際に起きている）のが今日の社会である。「発展」がもたらすこれらの危険と無縁の特別の人や集団はいない。そして，これらの危険が生み出される構造やメカニズムが改められないままであれば，早晩，人間社会の持続可能性は絶望的な限界に達するかもしれない。

3 「問題」と「問題」の絡み合い

このような危機的状況を克服し社会・経済・環境が持続可能なものとなるよう，世界全体で共有されるべき方向性として，2015年に国連で策定されたのが「持続可能な開発目標（Sustainable Development Goals: SDGs）」である。そこには，17の基本的な到達目標が169のターゲット（具体的な達成課題）と併せて設定されている。南＆稲葉（2020）によると，ひとつひとつのゴールに対応する問題は，それ単独で完結して成り立っているわけではなく，ほかの問題とつながり合っている場合が多いという。たとえば，大都市での大気汚染による疾病をどう解決するかは，第一義的にはゴール３のターゲット９（化学物質や大気・水質・土壌汚染による疾病への対策）に向けた課題であるが，その方策の１つとして都市部への人口流入を抑制することをめざす場合，ゴール２のターゲット３（小規模食料生産者の農業生産性および所得の倍増），ゴール８のターゲット５（完全かつ生産的な雇用および働きがいのある人間らしい仕事の達成），ゴール13のターゲット３（気候変動の緩和，適応，影響軽減等）などと関連づけた政策が必要となる（南＆稲葉，2020年，19–23頁）。

この考え方を，1992年に出された答申のなかで生涯学習審議会が提起した現代的課題論に当てはめてみよう。「現代的課題」とは「社会の急激な変化に対応し，人間性豊かな生活を営むために，人々が学習する必要のある課題」であり，答申は現代的課題に関する学習機会が一層と拡充されることを求めた（「今後の社会の動向に対応した生涯学習の振興方策について」平成４年７月29日答申）。日本の生涯学習振興という文脈のなかでの議論ではあるが，現代人の学びのあり方を問うている点で本章と問題意識は共通しており，「現代的課題」は地球市民として取り組むべき課題とも重なる。その具体例として，答申では生命，健康，人権，豊かな人間性，家庭・家族，消費者問題，地域の連帯，まちづくり，交通問題，高齢化社会，男女共同参画型社会，科学技術，情報の活用，知的所有権，国際理解，国際貢献・開発援助，人口・食糧，環境，資源・エネルギーなどが例示されている。これらはそれぞれを独立したテーマや「単元」として扱うこともできるが，たとえば，「高齢化社会」を学習テーマとする場合，そこに健康，人権，人間性，家庭・家族，消費者問題，地域の連帯などが関わってくるのは明らかである。

このように，ゴールとゴール，課題と課題の間に結びつきがあるということは，１つの問題を解決するためにはほかの問題とも連動させて取り組む必要があるということを意味する。学習対象となるテーマは多種多様であるが，それらは必ずしも互いに無関係なものではなく，むしろ絡み合いながら成り立っている可能性があり，その相互性を積極的に読み解いていく試みが解決への糸口となるのだろう。学ぶべき事柄や取り組むべき問題をいくつかの分野に整理できるとして，各分野の隅々まで悉《ことごと》く学ぶということはむずかしい。しかし，関心をもって臨むなら，一見，無関係に思えていた事象と事象の間になんらかの連関があることに気づくことは容易に起こりうるし，さらには，問題の本質や全体構造をより適確に理解するということにも至りうる。だとすれば，「地球市民としての学び」の出発点はどのようなテーマや課題であってもよいといえる。重要な点は，１つの具体的な問題への取組を契機としつつも，その初発の関心が地球社会や人類共同体を全体的・総合的に問うように広がり深まってゆくかどうかである。

4　地球社会を見渡す消費者教育

具体的な生活課題を入り口としながら現代社会のあり方を問う学習へと展開することが生じやすい分野の具体例として，消費者教育に注目してみたい。というのも，消費者教育は生産・流通・消費・廃棄という現代社会を成立させる基本的営みに関わる諸課題全般に挑むものであり，とくに最近の消費者教育論では，以下に示すとおり，地球市民としての消費者という考え方が重視されるようになってきているからである。

消費者教育の伝統的な目的は消費者が消費生活における不利益を回避できる能力を習得することであり，このイメージで消費者教育が捉えられる場合が多い。昭和の高度経済成長期，大量生産・大量消費という状況を迎え，便利な商品やサービスを享受できる「豊かさ」が広がるなかで，購入したものが不良品であったり誇大広告に惑わされたりなどの事例も増えていった。拡大・発展する経済社会において，消費者も「取引主体」という構成員でありながら，同じ取引主体の企業や事業者に比してきわめて弱い立場に置かれている（正田，1972年，7－8頁)。その弱者の消費者を保護することが，もともとの消費者行政の役割であった。これに呼応して，消費者教育も商品知識やトラブル対処力を備えた「かしこい消費者」の育成に力が注がれる傾向にあった。

他方，近年，とくに21世紀に入って以降，重視されるようになってきたものとして，エシカル消費（倫理的消費）という考え方がある。これは，生産・消費・廃棄という商品のライフサイクルが社会や環境に及ぼす影響が顧みられないまま，大量に消費が行われてきたこれまでの消費社会状況に対する批判と反省に基づくもので，「第三次消費者基本計画」（平成27年３月24日閣議決定）では「地域の活性化や雇用なども含む，人や社会・環境に配慮した消費行動」と捉えられている。すなわち，消費者各自が社会や自然環境に関する課題に留意し，その解決に資するような消費生活を営むことを求める考え方である。

たとえば，フェアトレード商品はどうしても「安売り」がむずかしく，金銭的な点では消費者にとって「得」になりにくい。しかし，生産者や労働者に適正な報酬が支払われない構造に消費者側が依存しつづけると，生産・労働の場が疲弊し，崩壊することにもなりかねない。そうした状況は産業・経済の持続可能性という点からみても好ましいことではなく，ましてや人権や社会的公正の点からすると搾取の構造は是正されて当然である。長期的な人間社会全体にとっての利益という点からすると，私たちの消費生活に供されるものはフェアトレード商品が中心になるべきであろう。このような視点に気づき消費行動を転換するよう促すのがエシカル消費教育である[2)]。

5　消費者シティズンシップ教育と地球市民

以上のように，もともとの消費者教育は，消費者が大衆消費社会に適応するための知識・能力を習得することを主目的としていたが，今や，消費者が社会や自然環境に対する責任を自覚し，適切な消費行動を取るようになることも重要な目的となっている。そこに期待される消費者像は，地球社会の一員としての消費行動をなしうる「消費者市民（consumer citizen）」である。換言すれば，消費者教育の目的には，バイマンシップ（購入者としての能力・資質）のみならず，シティズンシップ（市民としての能力・資質）の涵養も含まれるようになったのである[3)]。

「消費者」を「市民」（＝民主的社会を担う主権者）として捉える視点は，米英において遅くとも1980年ごろには現れていた。また，日本でも「そもそも消費者の権利というのは，主権者としての国民の権利，市民的諸権利のひとつであり，基本的人権の系（コロラリー）に他ならない」（宮坂，1989年，32頁）という主張や，「批判的思考に基づいた社会的意思決定能力を備えた『消費者市民（コンシューマー・シチズン）』の育成」（今井・中原，1994年，278頁）の必要を指摘する議論が早い時期に提起されている。

この消費者市民の語を明確に定義したものとして，EU の教育政策（「ソクラテス・プログラム」）の一環として組織された CCN（Consumer Citizenship Network）による次のような定義がある[4)]。

> 消費者市民とは，倫理，社会，経済，環境面を考慮して選択を行う個人である。消費者市民は，家族，国家，地球規模で思いやりと責任を持って，行動を通じて，公正で持続可能な発展の維持に貢献する。

この CCN が消費者シティズンシップ教育を普及・発展させる活動に取り組んだのは，2003年から2009年にかけてであった。その少し前の2002年，ノルウェーで開催された会議において，カナダの家政学研究者であるスー・マクグレガー（McGregor, S.L.T.）が消費者市民の考え方とその教育について論じた内容[5)]について，少しふれておこう。大衆が消費を享受する社会になるにつれ，消費者こそ経済社会の主役であるとする「消費者主義（consumerism）」が喧伝されるようになった。これについて彼女は「個人は消費によって満たされるとする誤った信念」であると批判し，自己実現やアイデンティティ形成にまで影響するような消費が行われている社会状況を指摘する。しかし，誰もが望むまま際限なく消費を享受しようとすると資源の限界を超えかねない。ゆえに，地球環境への負荷を軽減し同世代間・異世代間の平等を守りつつ基本的ニーズと生活の質を満たしうる「持続可能な消費（sustainable consumption）」がめざされるべきである。そのためには，人々が合理的な判断力，責任感，社会的意識などを備えた市民，つまり消費者市民となっていくことが必要である。このように考え，マクグレガーは，消費者教育とシティズンシップ教育を統合するも

表2.1　グローバルな視座の諸次元―14のグローバル原則―

視座の意識	自分たちの世界観は普遍的に共有されているわけではないということを理解するようにならなければならない
地球の状態に気づくこと	世界で様々な状況と変化が広域的に出現しつつあることに気づかなければならない
文化横断的な気づき	人間の社会・コミュニティには多様な考え方と習慣が見出されるということを理解しなければならない
グローバルな原動力について知ること	世界システムの鍵的特徴とメカニズムについての適切な理解が必要である
人々の選択と代替案についての気づき	人々と国々が直面する選択に関連する問題と，地球規模のシステムについて意識することでその選択がどのように変わるか，ということに気づかねばならない
均衡の取れた開発	開発支援の地域供給体制を要求することにより，地域供給に不当な負荷を与えるべきではない
自ら求める素朴さ	個人としての所有・消費を合理化・簡素化した生活様式を創出するよう努めるべきである
補い合うテクノロジー	国に導入されるテクノロジーは，地域固有のテクノロジーやそれがどう継承されるかということと両立すべきであり，それらを損ねるべきではない
国際的な相互性	いずれの文化も文化横断的な相互交流に寄与するものが多く，またそこから得るものも多いということを理解すべきである
持続可能な生活様式	我々の今日の生活様式が総体として環境，生態系，そして他の人々や将来世代を，傷つけるのではなく，再活性化させ支えるものとなるようにしなければならない
システム意識	二元論的にではなくシステム的に考える（原因／結果，問題／解決，ローカル／グローバルを超えてゆく）ような能力が必要である
当事者意識と備え	我々が為す選択と取る行動は，現在と将来の地球に，そして，まだ生まれていない者たちや他国の人々にまでも影響を及ぼすということを理解する必要がある
過程に気づくこと	学習と人格発達は固定的・最終的な到達点の無い旅程（生涯にわたる学習と社会化の過程）であるということを理解する必要がある
責任ある価値判断と決定の道徳的正当化	消費および資源管理の判断は，価値と事実に基づくべきである；圧力，私利，脅威，習慣，あるいは慣習ではなく，適切な理由に基づいて意思決定すべきである

出所：McGregor, S.L.T. Socializing consumers in a global marketplace. *Journal of Consumer Studies and Home Economics*, 23（1）, 1999 pp. 37–45 の Table 1をもとに作成

のとして consumer citizenship education を提起した。消費者教育関連の文献やサイトでは「消費者市民教育」と訳されている例が多いが，「市民教育」よりも積極的に市民的資質・能力の教育であることが含意されるのが「シティズンシップ教育」であり，消費者市民という観点から再定義されたシティズン

シップ概念（消費者シティズンシップ）に基づく教育であることをふまえ，本書では「消費者シティズンシップ教育」とした。その根底には，市場経済と社会のあり方は相互に結びついており，消費行動の責任と社会行動の責任は互いに連動しあうという発想がある。自然環境や世界経済の持続可能性という点からすると，私たちはもはや単なる消費者であることは許されず，市民としての役割と責任を果たしうる消費者であることが求められる。こうした消費者シティズンシップの考え方の理解を促すものが，消費者シティズンシップ教育なのである。

本章との関連で注目すべき点として，マクグレガーはグローバル・シティズンシップの可能性についても検討している。「シティズンシップ」には，国家の構成員であることが含意されるので，「市民」であることは他国に対して対立的・排他的になる場合がある。しかし，消費社会の問題の多くは国境を越えた広がりをもつものであり，「市民」であることもグローバルな次元に引き上げられる必要がある。ゆえに提起されるのがグローバル・シティズンシップであり，それはこの惑星を共有する者として地球社会の諸課題に立ち向かおうとする意志であり態度であるといえる。

では，グローバルな市民に求められる具体的な意識・資質はどのようなものか。表2.1は，グローバル教育に関するいくつかの論考から抽出された原理をマクグレガーが整理したものである。これは「地球市民としての学び」の実践的な指針にもなりうるものであろう。

6 「共生の社会教育」の視点

先にふれた国連人間環境会議が開催された1972年は，1950年代半ばから始まった日本の高度経済成長期が低成長時代に移行していく年であった。第二次世界大戦に敗れて焦土と化した日本であったが，21世紀に入って久しい今日，景気低迷，財政の悪化，格差の拡大などの問題をかかえつつも，「先進国」の一員としての立場は維持している。このような現代日本の基本的骨格が成り立ったのが高度経済成長期である。それは，重化学工業の目覚ましい発展が原動力となって「豊かさ」が実現されていく過程であったが，同時に，公害，過疎・過密化，交通戦争，消費者問題など，経済発展の歪みや矛盾に直面せざるをえなくなる時期でもあった。

そうしたなかで盛んになった住民運動・市民運動のなかには，状況に対する不満や抗議を表明するにとどまらず，新たな生活スタイルと社会システムの創造に向けて「『いのち』の尊厳，生身の肉体をそなえた生活者の論理，自然との共生などのalternative value」（宮坂，1987年，244頁）を探求するような動きもみられた。そのことをふまえ宮坂は，現代日本において実現されるべき「社会教育的価値」として，「近代市民社会の体制原理，すなわち産業主義の生産中心主義，経済的利益優先の物質主義，競争と便益に馴らされた生活スタイルなどの超克をめざす方向において，自然との共生，弱者との共存，真のゆたかさをめざす生活の質の探求などの生活原理の主体化」（同前）を志向する「共生の社会教育」を主張している。

この考え方は，「民意」や「ニーズ」に即応していれば民主的・進歩的であるという発想の事業や，中央政府の打ち出す政策に準拠するだけの施策などが多々みられる傾向に対する批判意識を土台として提起されたもので，近代主義の超克や民主主義の実質化に貢献しうる社会教育のあり方を探る議論としての意味合いが強い。つまり，グローバル化という視点が先にあって提起されたものではないが，この「共生の社会教育」は，地球市民が重視すべき「価値」ともみなすことができよう。

では，その方向に向かってどのように歩むべきか。当然，地球市民であることを意識した学びは，環境問題や人権・平和の問題をはじめ，先述の「現代的課題」として列挙されるような，今日の地球社会に関わるさまざまな課題に向き合うことになろう。その学習方法としては，講座，ワークショップ，調査・実験，シンポジウムなど，さまざまな方法で実施される学習機会に参加することをとおして進められることもあれば，個人が独学的に取り組むということもある。いずれにせよ，自らが地球市民であることの気づきを契機とする学びであれば，学習者個人の知的関心の範囲で完結するのではなく，危機感や問題意識を共有しうる他者との共同的な探究活動や社会的行動へと展開することがありえる。むしろ，関心が共有され活動が共同化されることにこそ，地球市民としての学びの意義があるともいえる。ただ，その共有・共同は，同じであることや一緒であることを無批判に求めるものではなく，互いに異なる存在であることを前提としながら相互主体的に共感・交信しあう「ともまなび」（同前，258頁）であるべきだろう。というのも，恐れたり考えたりすることの具体的な中味は「私」と「あなた」とでまったく異なるが，互いに自らの恐れや考えを語り尽くすことで本質的な共通項が見いだされるかもしれないからだ。こう考えると，地球市民としての学びとは，「私」を構成しつつ「私」のなかに隠れている世界・社会との連続性に気づき，それをふまえて世界に回帰することであり，「私にこだわりつつ私を超えること」（同前，259頁）という発想がその鍵となりそうだ。

［永井健夫］

【注】

1）たとえば，『昭和７年（1932年）度入国外人数統計』（国際観光局）によると，1932年の入国者数は２万960名であったのに対し，新型コロナウイルス（COVID-19）感染拡大期前の2019年における訪日外国人数は3188万2049人（日本政府観光局「訪日外客統計」）であった。インバウンド政策の効果もあって，世界各国から多数の観光客が日本にやってくるようになったわけだが，日本への観光旅行に限らず，20世紀終盤以降，とりわけ裕福というわけでもない「普通の人々」が国と国の間を行き来することも特別なことではなくなってきている。

2）消費者教育の文脈では，持続可能な経済発展や社会的公正に関する学習プログラムの開発や教育実践が積極的に試みられている。その具体的な例については，消費者庁特設ウェブサイト（https://www.ethical.caa.go.jp/）や『消費者教育実践事例集』（日本消費者教育学会編，2022）などを参照されたい。

3）2012年に成立した「消費者教育の推進に関する法律」は，「消費者市民社会」という社会像を鍵とするものであり，社会や国家への影響力を行使しうる主体的市民としての消費者というあり方が期待されている。この法律の意義と内容に関しては，西村隆男（2017）「消費者教育推進法の成立とその内容」西村隆男編『消費者教育学の地平』慶應義塾大学出版会を参照されたい。

4）Consumer Citizenship Network（2005）*Consumer Citizenship Education Guidelines, Vol.1, Higher Education*, p. 7。訳文は柿野成美（2013）「『消費者市民』をめぐる国際的潮流」岩本諭・谷村賢治編『消費者市民社会の構築と消費者教育』晃洋書房，11頁による。

5）McGregor, S.（2002）*Consumer Citizenship: A Pathway to Sustainable Development?*（Keynote at International Conference on Developing Consumer Citizenship, April, 2002, Hamar, Norway），https://consultmcgregor.com/documents/research/norway_keynote.pdf

【参考文献】

今井光映・中原秀樹編（1994）『消費者教育論』有斐閣
正田彬（1972）『消費者の権利』〈岩波新書〉岩波書店

ベック，U.（1998）『危険社会―新しい近代への道』東廉・伊藤美登里訳，法政大学出版局
南博・稲場雅紀（2020）『SDGs―危機の時代の羅針盤』〈岩波新書〉岩波書店
宮坂広作（1987）『現代日本の社会教育―課題と展望』明石書店
宮坂広作（1989）『消費者教育の創造』ウイ書房

第3章
少子高齢社会・人口減少社会における人々の学び

1 人口動態と社会教育・生涯学習との関わり

人口動態は社会教育と生涯学習の意義や機能に大きな影響を与えてきた。近代日本の人口は，農村から都市への移動を続けてきた。

農村に人口が多かった時代には，社会教育の施策の焦点も農村にあった。農村における社会教育は，濃密な人間関係を特徴とする共同体に支えられていた。農村社会では，青年団などの地縁組織が活発に機能し，社会教育の取組においてもそうした地縁組織が大きな役割を果した。また，そうした社会には，共同体の構成員が共有する課題を話し合いによって解決していこうとする学びである共同学習が成り立つ基盤があり，第二次世界大戦後しばらくは各地で共同学習が盛んに行われた。

高度経済成長期に，労働人口が農村から都市に大量に移動した。1970年代には，都市における社会教育はいかにあるべきかということが課題となる。都市においては，農村のように地縁組織を前提とした社会教育の取組はむずかしい。むしろ，多様な個々人がそれぞれのニーズに即して学びが展開されることを前提にしなければならない。そのような条件に適した社会教育のあり方が議論されたのである。この時期に，ユネスコが提唱した生涯教育の考え方が注目され，1980年代になると生涯学習政策が始まったことも，社会教育の焦点が農村から都市に移ったことの結果といえる。

労働人口の農村から都市への移動は，他方で農村社会の疲弊を招いた。過疎化の問題は農村社会の担い手を奪うばかりでなく，農村社会からさまざまな社会基盤を奪っていった。たとえば，採算をとることができずに鉄道などの公共交通機関が廃止されると，学びの場に参加しようとする学習者の移動の手段が奪われることになる。また，子どもの数の減少は学校の統廃合を招く。公民館を利用する人口が大きく減少すると，公民館職員数の削減などを帰結する。こうした農村の疲弊は，現在まで続き，さらに深刻化している。激しい人口減少によって消滅の危機にある限界集落は，全国に広がっている。こうした農村社会の状況は，社会教育と生涯学習に大きな課題を投げかけている。農村の住民の学習機会をいかに維持し広げることができるかという課題でもあるし，また学びを通した農村社会のエンパワメントをいかに成し遂げていくことができるかという課題でもある。

さらに，生活の向上や医療技術の向上によって平均寿命が延び，また1970年代以降出生率が徐々に低下してきた。それによって少子化と高齢化が進み，ついに日本の人口は2004年をピークに減少に転じた。なお，人口減少は，全国一律に進行しているわけではなく，大都市圏の人口は膨張しつづけている。すなわち，農村社会から中小都市へ，中小都市から大都市へという人口の移動と組み合わさった問題であり，地方に偏った大規模な人口減少が広がっているということである。

次節から，人口動態が社会教育と生涯学習に与えている影響について，少子高齢と人口減少それぞれについて整理する。

2 少子高齢化と社会教育・生涯学習の課題

日本人の平均寿命は，1950年には男性58.0歳，女性61.5歳，1970年には男性69.3歳，女性74.7歳，そして2020年には男性81.6歳，女性87.7歳となって，昨今では「人生100年時代」という言葉も，多くの人に身近なものとなりつつある。同時に，合計特殊出生率（1人の女性が一生の間に生む子どもの数に相当）は，1950年には3.7，1970年には2.1，そして2020年には1.3となり，子どもをもたない人生も，多くの人に受けとめやすいものとなりつつある。

高齢化とはこうした長寿化と少子化の関数として，従来「65歳以上人口の総人口に占める割合」で示されてきたもので，1970年には7％を超え「高齢化社会」の到来といわれたが，1994年には14％，2010年には21％，2020年には28％を超え，さらに2040年には35％を超えるとの推計もある。この急速な高齢化は主には国の社会保障制度上の問題として議論され，議論のなかでは，15歳未満の子どもと65歳以上の高齢者を「従属人口」と呼び，15～64歳の成人を「生産人口」と呼んで，後者が前者を経済的に支えるというしくみの破綻が指摘されつづけてきた。だが，今やすでに，こうした問題の捉え方自体が成立しないことは否めないだろう。大学進学率の上昇と同時に若者の失業率の高さも指摘される昨今，20歳前後の若者に他世代を経済的に支える存在であることを期待するのは非現実的である。また65歳以上を一律に被扶養者とも言い難い。実際には，年齢にかかわらず，経済的に困窮する層と富裕な層とがいるのであって，要は，他者の支えが必要な人が支えることが可能な人に支えられるしくみを，各地域で構築することが重要になっているのだといえよう。たとえば，15歳未満の子どもと65歳以上の高齢者を「地域密着人口」つまり，地域への土着性の高い人々として捉え，その「地域密着人口」が増える地域社会のあり方を構想する議論には注目される。

結局，少子高齢社会の何が誰にとってどう問題なのか―それ自体を，それぞれの人が，それぞれの地域で，主体的に考えなければならない時代に入っているのだといえるだろう。そして，その促進剤となりうる学習機会が，ますます重要な意味をもってくるといえるのだろう。

このかん，国レベルでは，1973年に総務庁内老人対策室が設置され，1986年に長寿社会対策大綱，1995年に高齢社会対策基本法，2003年には少子化社会対策基本法を定め，諸施策を展開してきた。そして2015年には子ども・子育て支援法が施行され，2023年にはこども家庭庁が設置された。概して，長寿社会の受容方策から少子化の抑止方策へ，また高齢者から子どもへと，関心の対象・施策の重心を移してきたといえるだろう。

社会教育・生涯学習振興の施策の展開としても，同様の流れを跡づけてみることができる。

1971年の社会教育審議会答申「急激な社会構造の変化に対処する社会教育のあり方について」では，“高齢者の余暇時間の増大”が生じており，“老人が，孤独からどう解放され，老後の積極的な生きがいをどのように見い出していくかが，重要な問題”と述べられるなど個人の長寿化という観点からの議論がみられた。“その生き方についての教育的な施策を強力に進めることがたいせつである”として，各自治体における高齢者教室などの開設が促されたのである。

そして，1981年の中央教育審議会答申「生涯教育について」では社会の高齢化という観点が強調され，“高齢者の問題は，高齢者自身にかかわる事柄であると同時に，国民すべての将来にかかわる重要な課題”と述べられた。主には中高年層に向けた「退職準備教育」「老後問題学習」といった語で括られるような取組が促されたのである。また1986年の臨時教育審議会「教育改革に関する第二次答申」では，“高齢者の社会参加の促進を図るための学習機会を整備する”との方向性が明示された。「社会参加」に結びつく学習機会が意味づけられ，「世代間交流事業」「高齢者人材活用事業」といったかたちで広く展開していったのである。高齢者（期）の学習・社会参加は，高齢者一人ひとりの「個人の要求」として以上に，高齢社会という「社会の要請」として，その必要性が強調されるようになったといえるだろう。

むろん，若さや自立的であることにこだわりつづけたい人と，老い衰えゆくことを受容し向き合おうとする人とでは，上記のような学習・社会参加の機会があることの意味はまったく異なるであろう。さまざまな観点からの学習・社会参加の機会の創出・運営には，多様な機関・人々の協力が欠かせない。たとえば，長い間地域を基盤として高齢者の健康づくりや高齢者同士の助け合いの活動，地域文化の伝承活動や他世代との交流活動，地場産業や環境美化などへの取組を総合的に展開してきた「老人クラブ」，高齢社会に関わる特定のテーマに絞って活動するボランティア団体やNPO，あるいは高齢者向けの商品・サービスを開発・展開する企業，少子化に直面し高齢学生の受け入れについて模索している高等教育機関。こうした地域に所在する諸機関の連携を図ることは，社会教育・生涯学習振興行政の本来の役割だといえよう。また，学習機会へのアクセス自体が困難な状況におかれている高齢者との接点を多くもつ福祉行政，就労の意思を有する高齢者との接点を多くもつ労働行政など，行政の各分野における高齢者へのアプローチをつなげる役割も，社会教育・生涯学習振興行政が積極的に担うべきだろう。

いっぽう，少子化という観点では，少子化対策の一環としての子育て支援，子育て支援の一環としての「家庭教育支援」という観点から取り組まれているとみることができるだろう。自分の子ども・子育てを「良くしたい」と思う人々に向けた親同士の学習・相談・交流機会の拡充というところにとどまらず，広く一般に向けて他人の子どもへの興味関心を喚起し，子育て家庭への理解を促すということが，社会教育の重要な課題となってきたとみることできる。

2000年には中央教育審議会報告「少子化と教育について」が出され，少子化が子どもの教育に及ぼす影響について，マイナス面として，①子ども同士の切磋琢磨の機会が減少する，②親の子どもに対する過保護・過干渉を招きやすくなる，③子育てについての経験や知恵の伝承・共有が困難になる，④一定規模の集団を前提とした教育活動等が成立しにくくなる，⑤学校の統廃合に伴い遠距離通学を余儀なくされるなど，児童への負担が懸念されるということが指摘された。他方プラス面として，①個に応じたきめ細かな教育を行う環境が整う可能性，②「過度の受験競争」といわれる状況の緩和ということが指摘された。

同報告ではまた，“少子化，高齢化の進行と人口減少は，地域社会の活力の維持という点で，大きな問題を提供する”ことが指摘されたが，ここで「地域社会における教育の役割」として，「地域社会は，地域の大人たちが子どもたちの成長を温かく見守りつつ，時には厳しく鍛える場となること，また，地域社会が単に人々の地縁的な結び付きによる活動だけでなく，同じ目的や興味・関心によって結び付いた世代を超えた人々の活動が活発に展開され，子どもたちをはぐくむ場となることが必要である」と述べられたことに大きな意味があったといえよう。間をおかずに「『社会の宝』として子どもを育てよう！」（今後の家庭教育支援の充実に関する懇談会報告，2002年），「『学習を希望する親の学習支援』から『すべての親の子育て支援施策としての学習支援』へ」（家庭教育支援のための行政と子育て支援団体との連携についての調査研究委員会報告，2004年）など相次いでまとめられた報告からは，家庭教育を，私的なものとして介入を控えるという考え方より，社会的なものとして支援するという考え方のほうが，強調されるようになってきたことを確認できる。

そして2001年には社会教育法が改正され，市町村教育委員会の「家庭教育の向上に資する」事務が明記され（第５条），行政委嘱委員の構成に「家庭教育の向上に資する活動を行う者」（第15条，第30条）が加えられるということになるのである。

しかし，当時から今日までなお農村部での少子化の進行は著しく，都市部では人々のライフスタイルの個別多様化が著しく，子ども会やPTAといった社会教育関係団体は弱体化してきたし，社会教育関係団体の活動を前提としてきた社会教育行政も弱体化してきたところがあることは否めないだろう。いっぽうで，学校の統廃合や学校施設の転用が図られ，新たに地域振興や子育て支援の拠点，多世代交流の拠点などとして活用・構想される事例も増えつつある。こうした新しいコミュニティの萌芽する機運があるなかで，社会教育行政が新たにどのような役割を担いうるか，その地域でどのような存在意義を発揮しうるかが問われているといえるだろう。

たとえば今日では，各自治体で「家庭教育フォーラム」といった公開講座を企画するなど，子育てへの社会的な関心と支援の機運を醸成するための取組は恒常的にみられるようになっている。しかしここで重要なことは，特定の家族・家庭のあり方を規範化するということではないだろう。たとえば，夫婦と子どもから成る集団を「家族」とみる意識は根強い。しかし実際には，ひとり親世帯は多く，子連れ再婚家族（ステップファミリー）など，生まれ落ちた定位家族と自らがつくり上げる生殖家族，それぞれの家族を複数回経験する人も決して少なくない。血縁関係にも法的関係（里親，養子など）にもなく，選択的な関係としての「家族」（男性同士のカップルと養子，婚姻関係にない男女とその子など）を選ぶ人も，増えつつある。また，愛情で結ばれた家族成員間の心的交流の場面を「家庭」としてみる意識も根強い。しかし今日，家庭内離婚や家庭内別居といった語が表してきた夫妻関係や，「障害者家族」「介護家族」と称される親子間に生じる固有の問題についての理解・認識は広がりをみてきているであろう。児童虐待など親子や家庭という閉鎖的な関係・空間で生じる事例は多く，社会に対する家族の不利益という観点以上に，大人に対する子どもの弱者性という観点，家族のなかの個人の人権という観点が強調されるようになっている。子どもを産み・育てることが本能でも本来でもないとされ，子どもは親を選べないという事実をさす「親ガチャ」という語が流行するような状況でもある。

主観的な「家族」と社会制度的な「家族」とのギャップがあること，「家庭」という理念と内実とのギャップに苦しむ人々がいるということを認識したうえで，ではどのような「支援」が必要なのか，どのようなコミュニティが求められているのかを考えあうような学習機会となることが必要であろう。

長寿化は基本的には喜ばしいもので，すべての人が当事者として向き合う学習課題とはなりやすいかもしれない。しかし少子化については，出産・育児の心理的・肉体的・経済的負荷という観点から議論されて久しいものの，子どもをもつ人ともたない人，産む人と育てる人，働き方の違う人々の間での，実際生活上の利害関係を内包しており，誰もが当事者として同じ方向で向き合える学習課題とは言い難い。高齢化といっても，人口減少が著しい農村地域に住む人々と，人口密集する都市部に住む人々とでは，関心のもち方も異なるのは当然のことであろう。

異なる他者の間での関心を喚起しつつ，相互理解を図っていくことが必要なテーマであり，論点を含むテーマであればこそ，公共的な議論の場があることの意味は大きく，社会教育行政として向き合うべきテーマだといえよう。

3　人口減少がもたらす社会教育と生涯学習の課題

日本社会の人口問題の中心は，少子高齢化から人口減少へと移行してきている。人口増加から人口減少に転じるということは，社会のさまざまな領域が縮小を余儀なくされるということである。労働力が減少すれば生産も縮小するのが自然だし，消費者の減少によって生産の過剰に直面しやすくなる。すなわち，経済規模は自然に縮小するリスクをかかえるのだといえる。また，人口減少は社会的なインフラの統廃合ももたらす。鉄道，道路，上下水道に加え，教育施設なども，利用者の減少に悩まされ，税収の自然減とも相まって費用対効果の観点からは維持がむずかしくなっていく。

人口減少は，地域社会に打撃を与え，私たちの生活から活力を奪う。かつて賑わっていた商店街でシャッターが下りたままの店舗が増え，鉄道やバスの路線が減便や廃止になると，私たちの生活に直結する。地縁組織を維持していくために必要な後継者が失われ，祭などの人々に活力をもたらす行事の継続が困難になると，個々人の意識や行動にも影響をもたらす。地域社会への愛着を減少させ，いっそう大都市への人口移動を加速させる。

こうした事態に直面する人口減少社会において，社会教育と生涯学習が取り組まなければならない課題は，大きく分けて次の２つだと考えられる。第一に，教育施設の統廃合や交通手段の剥奪，さらには共に学ぶ仲間の減少などによって阻害される住民の学習機会をいかに確保するか，という課題である。第二に，人口減少によって失われた地域社会の活力を，住民の学びを通していかに実現できるか，という課題である。

こうした課題に対して，２つの観点からのアプローチに言及しておく。

１つ目は，オンラインを用いた遠隔教育の発展である。オンラインを用いることで，地理的条件を無視することができる。とはいえ，オンラインを用いた学びには，適した学びとそうでない学びとがある。オンラインを用いた学びは，知識の獲得を中心とした学びには有効性を発揮するが，たとえば行動を伴う学び，あるいは共同学習のような学びには限界がある。オンラインの特性を生かしつつ，ほかの手段を模索しなければ，十分な学習機会の保障につながらないだろう。

もう１つは，都市との交流を増やし，住民だけでなくその地域になんらかの形で関わっている人も含めた関係人口を増加させることで新しいコミュニティを創るというアプローチである。関係人口をいかに増やすことができるかということが重要になる。観光資源や地域特産が豊かな地域であれば，それを活かす取組が行われる。都市への人口集中が進むと，都市に住む住民の自然や農村生活への憧れが増す。農村社会と関係をもとうとする都市民は今後さらに増えてくることが予測される。そうした都市民を取り込みながら，新しいコミュニティを創る取組にもまた，住民が自分たちの住む地域の魅力に気づき，それを引き出し，都市民を招き入れようとする試行錯誤の学びが介在する。

さて，農村だけでなく人口が集まる大都市も含めて，人口減少が与える社会教育と生涯学習へのインパクトについても言及しておく。人口減少社会は，成長経済ではなく定常経済をもたらすともいわれる。定常経済の社会では，経済成長によって生活を豊かにするのではなく，一定の経済規模のなかで生活を豊かにすることが求められる。より多くの収入を求めて労働量を増やすよりも，一定の収入のなかで生活の豊かさを実現しようとする志向が強くなる。生活の質を犠牲にして労働量を増やしてきた近代人の働き方に対して，近年では労働量を抑えて生活の質を向上させようとするワーク・ライフ・バランスや働き方改革がめざされるようになったのも，人口減少社会であることと関わりがあると理解することができる。

定常経済の社会では，人口知能やオートメーションの高度化とも相まって，私たちが生産活動に関与する時間は減少する。それに伴って，各人が自律的に何をするか決めることのできる自由時間の重要性が増すと考えられる。趣味の活動を突き詰めたり，ボランティア活動を積極的に行ったり，学問やスポーツに打ち込んだりなど，社会教育と生涯学習に関わる活動がこれまで以上に盛んになるかもしれない。というよりも，そうした活動が活発にならないと，私たちは時間を持て余したり生きている意味を実感できなかったりするなどして，結果的に社会の活力が損なわれる。これは近未来の予測でもあるが，すでにそうした時代は始まっているともいえる。

生産の比重が高い成長経済の社会においては，生産性を向上させる個々人の能力がきわめて重要であり，個々人の能力を高める機能をもつ教育への社会的関心が高い。労働者は，産業構造の変化に適応するために知識や技術の再習得（リスキング）を求められる。また，学校教育には，社会に役立つ人間を育てる機能が期待され，学歴システムが形成されてきた。自由時間の比重が高い定常経済の社会では，個々人の人生を豊かにするための学びを保障する教育の機能が，より重要になるかもしれない。成長経済の社会では，自分の能力を最大限に開発し，学歴を武器にして立身出世をすることが，個々人の人生を豊かにする筋道だと考えられた。

しかし，定常経済の社会では，個々人の人生の豊かさは，自分で何をするか決めることのできる自由時間をいかに充実させることができるかということが鍵を握る。個人の能力を問わず，自由時間における自律的な活動を充実させることが，結果的に社会の活力の維持にもつながる。

自由時間の充実に比重がおかれる定常社会における社会教育と生涯学習の課題は，すべての人が充実した自由時間を享受する条件が整えられなければならないということになるだろう。成長経済の社会においては，「その能力に応じて，ひとしく教育を受ける権利」（憲法第26条）が原理となってきた。能力がきわめて重要な要素であったのだが，定常経済の社会においてはその比重が低くなる。個々人の能力にかかわらず，自由時間を享受するための教育が保障される必要がある。また，経済的な格差や地理的な条件などが，充実した自由時間の不平等をもたらすことも，いっそう解決しなければならない課題となる。

4　時代を象徴する障害者の生涯学習推進政策

こうした定常社会における社会教育と生涯学習の役割についてイメージをふくらませるために，障害者の生涯学習推進政策について言及しておくことにする。

2006年に障害者権利条約が国連総会で採択された。日本政府も2014年にこれを批准したが，この条約の第24条には“あらゆる段階における障害者を包容する教育制度及び生涯学習を確保する”とある。すべての人が生涯学習の機会を享受できるよう，国と地方自治体に条件整備が課されたのだといえる。もちろん，すでに1949年に制定された社会教育法で“すべての国民があらゆる機会，あらゆる場所を利用して，自ら実際生活に即する文化的教養を高め得るような環境を醸成するように努めなければならない”（第３条）とされているわけだから，障害者権利条約でまったく新しいことが述べられているわけではない。

しかし，実際に社会教育と生涯学習の機会から排除されてきた人たちがいることも事実であり，改めてそうした排除をなくしていくべきことが国際的な約束となった点で，障害者権利条約は社会教育と生涯学習にも一定のインパクトを与えたといえる。

2017年には文部科学省内に障害者学習支援推進室がおかれ，障害者の生涯学習推進政策の試行錯誤が始まった。

この動きに呼応して，A県では県内の障害者の生涯学習の機会を拡大していく施策に力を入れて取り組んでいる。まず2020年には，県内の知的障害者を対象に調査を行った。その結果，知的障害者の多くは，平日休日問わず，自由時間がとても長いことがわかった。しかも，その自由時間に取り組んでいる活動はとくにないという人が大半に上った。その理由は，活動する場所がなかったり，あっても遠方であったりすることや，付き添ってくれる人がいないこと，理解者がいないこと，差別されることの恐れなど，多岐にわたった。かねてから，勉強のよくできる人は大学や大学院に進学するなか，最も学ぶのに時間がかかる人たちが最も短い時間しか学びが保障されていないといわれてきたが，この調査でも能力を理由とした学びからの排除の一端が垣間見えたといえる。

A県ではこの状態を改善するために，いくつかの実践に取り組んでいる。その1つは情報収集と発信である。障害者が学ぶことのできる場や機会に関する情報をできるかぎり集めて，地域や活動内容をキーワードにして検索することのできるアプリによってその情報を発信する取組である。この情報収集と発信の作業を通して，学ぶ場や機会の地域的な偏りの大きさが改めて課題として浮上した。人口密集地では活動内容にも広い選択肢がある一方，過疎地には学ぶ場や機会自体がほとんどない。そこで，手始めに公共的な学習資源に焦点を当てて，それらが障害者の学びに貢献できるよう改善を図ることにした。公共的な学習資源としてターゲットにおいたのは，主に博物館である。博物館は実物を資料としているものが多く，障害者の学びに貢献することのできる条件が潜在しているからであり，また過疎地を含めて県内に広く存在しているからである。

以上では，障害者に焦点を当てたが，これまで社会教育と生涯学習の学習者として認識されてこなかった人たちに，ようやく光が当てられるようになってきたことを示すためである。障害者だけでなく，これまで社会的に排除される傾向にあった人たちが，学びを通して社会参加していく機会を得るようになってきている。この傾向は，豊かな自由時間の享受のための教育の比重が増していること，またその教育から排除される人がいないことがめざされていることを示している。

障害者雇用促進法は，企業や自治体などの全従業員に占める障害者の割合を定めており，法定雇用率という。法定雇用率を守らない企業も多いが，法定雇用率は年々上昇しており，雇用されて働く障害者は増えてきている。労働の機会も，社会教育と生涯学習の機会も，すべての人に保障していこうとする流れはこれからも続いていくだろう。

さまざまな政策において共生社会という語が用いられるようになっている。2012年の中央教育審議会初等中等教育分科会報告「共生社会の形成に向けたインクルーシブ教育システム構築のための特別支援教育の推進」では，共生社会とは“誰もが相互に人格と個性を尊重し支えあい，人々の多様な在り方を相互に認め合える全員参加型の社会”だとしている。社会全体の規模が縮小する人口減少社会では，すべての人が十分な社会参加によって自己実現し，相互に支え合いながら社会を成り立たせていかなければならないのだといえよう。そのような社会では，社会教育と生涯学習に期待される役割は大きい。

［津田英二：第１・３・４節・伊藤真木子：第２節］

※本章第２節は，伊藤真木子（2006）「社会教育と家庭教育」鈴木眞理・松岡廣路編著『社会教育の基礎』学文社，36-48頁および，伊藤真木子（2005）「超高齢社会と生涯学習」『生涯学習やまがた』〈山形県生涯学習センターだより 第５号〉，２-３頁の内容をもとに加筆したものである。

【参考文献】

青井和夫（1992）『長寿社会論』流通経済大学出版社

広井良典（2011）『創造的福祉社会―「成長」後の社会構想と人間・地域・価値』〈ちくま新書〉筑摩書房

第4章 インクルーシブな社会に向けた人々の学び

1 社会教育・生涯学習における「排除」の問題

（1）工業化の進展と「排除」の問題

1949年に制定された社会教育法は，今日に至るまで幾度も改正を重ねられてきたが，その第３条（国及び地方公共団体の任務）には変わらず，「すべての国民があらゆる機会，あらゆる場所を利用して，自ら実際生活に即する文化的教養を高め得るような環境を醸成するように努めなければならない」と規定されてきた。しかし実際には，今日に至るまでずっと，さまざまな人たちが，さまざまな学びの機会・場所の利用には困難をかかえてきたのであり，そうした事実に向き合い状況を変えていこうとする議論や実践が重ねられてもきた。

工業化の進展が著しかった1970年代半ばまでには，学歴を得て就職し結婚し，一定の地域に住んで子どもを育てあげ勤めあげたあとはまた一定の地域で生活する，というのが人生の役割・移行の「標準」の１つとされるようになり，企業の新卒採用・終身雇用などの慣行，学校の社会的選抜機能，家族の養育・養護機能，性別役割分業などを前提とする社会保障制度が確立された。主に公民館を中核に据えた社会教育や，学校と家庭・地域の連携を志向する社会教育の議論や実践の多くが前提としてきたのも，「標準」的な人生モデルを生き，地域住民としての役割の多くを引き受けていた専業主婦と退職者，そして子どもであったといえるだろう。

いっぽうで，とくに1970年代には，そうした「標準」から外れる傾向にある人々―たとえば，家庭での養護が得られず施設で暮らす子どもたち，貧困などのため中学卒業後進学せずに働く青年，病気や心身の障害をかかえており企業の一般的な雇用慣行や勤務体制に準じた労働を続けることはできない人々―がさまざまな学びの機会・場所からは程遠い生活を余儀なくされている事実を直視する議論が集中的になされた。「標準」的な人々を対象とする社会教育の関心からも，生活困窮者に対する金銭的な給付というところで機能してきた社会福祉の関心からも，学ぶ機会・場所の保障という観点が欠けている対象層があることを「教育と福祉の谷間」の問題として捉える議論であり，状況の改善・打破に向けて，学ぶ機会・場所の整備に尽力した人々や実践に目を向ける議論であった。

さらに工業化の進展に伴い都市化の進行も顕著となる1980年代には，主に都市の公民館のあり方をめぐって，働き盛りの企業人や定住しない流動層，あるいは読み書き能力が十分でない人たち，在日外国人などを“忘れられた人々”[1]と呼び，目を向ける必要性を強調する議論もあった。また，性別・障害を理由とした差別の現状を明らかにして差別撤廃を求める学習・運動が，1975年の国際婦人年，1981年の国際障害者年などを通して国際的な連帯のなかで進められたということもあった。1985年にユネスコの国際成人教育会議で採択された「学習権宣言」など，国際的な文書や動向を理念的支柱とする運動・議論の高まりは，国内の民族的・言語的・文化的少数者，外国籍住民の人権問題に目を向けさせると同時に，「国民」や，「標準」的な多数派を前提とした社会教育のあり方を問い直すものでもあったといえるだろう。

また，1960年代に「生涯教育」概念が移入されて以降，1990年に生涯学習の振興のための施策の推進体制等の整備に関する法律（生涯学習振興法）が制定されるまでの間には，生涯教育の政策化には大きな課題があることも明らかにされていた。すなわち，生涯教育は，学習により社会的成功が期待できる者などにとっては望ましいシステムだが，“学歴の低い者，学校教育の不成功者，職業能力の不足者などは，学習モチベーションが低く，同時にこれらの者が失業の対象になるなど社会的不利益層に陥る状況がある”[2]ということである。「教育的に」不利な状況と「社会的に」不利な状況とが強い相関にあること，不利な状況は累積してさらに不利な状況に至るということが大きな課題として認識されていたのである。成人期の教育は多様性と自発性，地域性の大きい分野であり，とりわけ社会教育の機会には，“機会の不平等の是正”と“重点対象層の設定”[3]の必要があると指摘されてもいたのである。

（2）脱工業化と「排除」の問題

1990年代以降，国際化と情報化の進展は著しく，労働市場は流動化し，伴い学校の社会的機能は自明のものではなくなった。少子高齢化の進展も著しく，ライフコースは多様化し，家族の社会的機能も，地域住民とは誰かということも，自明ではなくなった。もはや「標準」的な人生モデルを描くことは困難になったが，従来の「標準」を前提とした社会保障制度の改革は追いつかず，その歪みがとりわけ若年世代における「格差」として顕現した。不登校，ニート，フリーター，非正規雇用者，失業者など，将来を自分で切り拓いていくことへの展望をもちえずにいる人々の現状が明らかになり，そしてそれらの人々が，教育，就労，社会生活のさまざまな次元の領域から排除され孤立を深めていったプロセスが明らかにされていった。さらに2000年代に入ると，子どもの貧困の問題に着目され，困難を抱えた家庭で育つ子どもがさまざまな体験の機会や人との関係を失っていく実態が明らかにされていった。とりわけ学校外で広がる「格差」の問題と，地域における学習支援や体験活動の場の重要性についての理解・認識が広まっていったといえるだろう。そうしたなかで，子ども・若者を再び社会的な関係のなかにつなぐものとして，人生のどこかで困難な状況や社会的に不利な状態に陥っても，誰もがまた新しい関係や機会につながることができる社会に近づくための働きの１つとして，「社会教育」を構想する議論や取組がみられるようにもなったといえよう。

ここにみてきたように，さまざまな学びの機会・場所の利用に困難をかかえている人々に向けた取組，参加できない／していない／しようとしない人々に目を向けた社会教育の取組は，その必要性についての指摘は何度となく重ねられてきた。教育機会の多様な提供主体があるなかで，社会教育，とりわけ行政が担う社会教育の存在意義は，まずは不利・困難な状況にある人々に目を向けた学習機会へのアクセス保障や学習の場における制約の除去，そして不利・困難な状況に特定の人々を追い込んでいる社会構造自体を問う学習の機会・場所の創出，この２つの観点からこそ主張されてもきたのである。

けれども，実際具体的な取組は各地域や個々の施設，民間レベルに委ねられてきたといっても過言ではないだろう。今や偏在しているさまざまな取組に通底する理念として，また行政がそれらを俯瞰するための鍵概念として，多用されるようになっているのが，インクルージョンや「社会的包摂」という語であるとみることができるのかもしれない。

2020年春，新型コロナウイルス感染症の蔓延防止のため，多くの社会教育の機会・場所が閉じられた。日常の対人関係と外出行動を伴う学びの機会・場所の喪失によって，心身に取り返しのつかない大きなダメージを受けた人々は，決して少なくはなかった。社会教育の機会・場所とは，誰にとってこそ大切なのか，誰こそがその維持そして創出に責任をもってたずさわるべきなのかが問われたし，今も問われているといえよう。

2 インクルージョンの理念

（1）社会政策用語としてのインクルージョン

インクルージョン（inclusion）とは，排除（exclusion）の反意語で，包摂や包容といった訳語を充てるのが一般的である。「社会的排除（social exclusion）」とは，EU 統合の流れのなかで生成された概念で，国民国家という機構の分裂，経済のグローバル化，新自由主義に基づく政策化によって顕在化した人々の間の格差を，経済的な欠乏だけでなく社会的な関係の欠如（さまざまな活動や参加からの排除，断絶）という状態から捉えようとする概念である。そして「社会的包摂（social inclusion）」とは，人々の間の格差に対処する諸方策を講じる理念として提起された語である。同時に，社会秩序の強化を図るための政策用語でもあり，主には就労機会と職業教育・訓練機会の保障というところでの議論・施策に結びつきやすいこと，また，人々を1つの価値への「統合（integration）」に向かわせる権力性を有する語でもあることに，留意も必要だろう。

それでも，社会的包摂／社会的排除という概念は，排除する人の意識・行動の変化のみならず，排除―被排除の構造を内包する社会のあり方を見直す政策的含意をもつところに意味があると考えられる。社会的排除に近接する概念として「貧困」「差別」「孤立」をあげ，“貧困がそのコアに経済的資源の不足をおくのに対して，社会的排除が社会関係に焦点をおいている”“差別が他者を嫌悪する心理機構にその特徴があるとすれば，社会的排除は社会への参加の阻止という状態に特徴（がある）”“孤立概念は，あくまで社会の中の個人の状態を把握する概念であって，社会的排除のような，社会そのものを問う概念とはなりにくい”[4]とする説明がある。こうした説明は，なぜ今日「インクルージョン」の語が多用されるのかを説明する点で，わかりやすいのではないだろうか。

また，日本での政策用語としては「共生社会」という語があり，「インクルーシブな社会」と近似するが，ここで「インクルーシブな社会」という表現を敢えて採用するのは，そのほうが，排除／被排除の構造を成り立たせている権力関係をより直接的に問うことができ，排除しているのは誰かを問うことができると考えるためである。

（2）教育政策におけるインクルージョン

ユネスコの教育政策においても，インクルージョンの語が用いられるようになっている。ユネスコは1990年に「万人のための教育」についての宣言 The World Declaration on Education for All（EFA）を決議したが，この宣言の目的を前進させるため1994年に開催された「特別なニーズ教育に関する世界会議」は，「サラマンカ声明」を採択した。学校は，子どもの身体的・知的・情緒的・言語的・もしくは他の状態と関係なく，「すべての」子どもを対象とすべきところであり，当然ながら障害児，英才児そのほか「すべての」子どものニーズに対応すべきところである。このインクルーシブ志向をもつ通常の学校こそ，すべての人を喜んで受け入れる地域社会をつくり上げ，インクルーシブ社会を築き上げ，万人のための教育を達成する最も効果的な手段だとした声明である。

その後もユネスコはEFA に関する各国の取組状況を評価してきたが，2020年度版『グローバル・エデュケーション・モニタリング・レポート』は，主テーマを「インクルージョンと教育—すべての人とは誰一人取り残さないこと」として，新型コロナウイルス感染症による学校の休校措置が，子どもたちの教育・学習面での格差を一層拡大させたことを指摘している。そして，いまだに多くの国で，特別なニーズ教育の政策対象は特定の属性者に限定的である（約８割の国で障害者に，約６割の国で言語的少数者に，約５割の国で性別／ジェンダー，少数民族／先住民族に焦点を当てている）ことを指摘し，あらゆる属性や状況を考慮して教育における「包摂」を推進していく必要性を示している。

日本の教育政策においても，インクルージョンの概念をまず積極的に捉えたのは，学校での，障害児の教育のあり方に関してであったといえよう。2007年には学校教育法に特別支援教育が位置づけられ，今日まで特別支援学校の設置数や就学者は増えつづけている。「特別な支援」を求める人々が多いという現実に，今後政策的にはどう向き合っていくべきだろうか。「特別な支援」が特別な場所においてのみ限定的になされるものであるとすれば，またその「特別な支援」を得るために何か特別な資格が必要で，その資格をもつ人々が特異な立場におかれたり特別な目でみられることがあるとすれば，誰もが存分に学べるようにと最善を尽くして行う「特別な支援」ですらも「排除」につながるものであり得るということは，常に論点となるであろう。

（３）障害のある人々の学びの推進とインクルージョン

もとより，子どもが学ぶ場所は学校だけではなく，学ぶのは子どもの時期だけではない。社会教育・生涯学習の領域でも，障害のある人々の学びの推進に関わっては積極的な動きがみられるようになっている。大きな推進力となっているのは2006年に国際連合で採択された（日本の批准は2014年）「障害者の権利に関する条約」であり，同条約の第24条（教育）で「あらゆる段階の教育制度及び生涯学習を確保する」と規定されたことの意味は大きい。2016年の障害者差別解消法施行を経て，2019年にまとめられた「障害者の生涯学習の推進方策について—誰もが，障害の有無にかかわらず共に学び，生きる共生社会を目指して—」（学校卒業後における障害者の学びの推進に関する有識者会議報告，文部科学省）は，学校卒業後の障害者がさまざまな学びの機会・場所そして情報から「排除」されている実態を明らかにし，生涯にわたる学びを推進する施策や取組を牽引している。

条約の採択，批准，国内法の整備や同報告のとりまとめの過程で何度となく示された重要な考え方の１つは，障害の「社会モデル」という考え方であろう。障害とは，個人の属性・心身機能の問題ではなく，社会（制度的不備や人々の偏見）の問題あるいは相互作用によってつくり出している問題であり，その問題をなくしていくのは社会の責任だとする考え方である。この考え方を基礎としてこそ，社会を構成する一人ひとりには，特定の人に困難や不利を負わせている社会的障壁についての理解，それを是正するための最低限のルールの理解，社会的障壁の構築に“日常的に，また多くの場合無自覚的に関わっているマジョリティとしての自己内省”[5)]が求められているのである。また,「Nothing About Us Without Us（私たちのことを，私たち抜きに決めないで）」という言葉が示す，意思決定過程への障害者自身の主体的な関与と「当事者性」を重視する考え方,「合理的配慮」という考え方も，すべての人・機関が社会的障壁を是正する行動を現実のものにしていく際に重要となる概念である。さまざまな属性・状況にある「その人」が実際どのような困難をかかえていて，実際どのような配慮が必要なのか，可能なのか／可能になるのかについて,「その人」に相対するすべての人が,「その人」と共に考えていくことが求められているのである。

（４）地域福祉の推進とインクルージョン

福祉政策においてインクルージョンの理念に注目した文書として，2000年に「社会的な援護を要する人々に対する社会福祉のあり方に関する検討会」が厚生省に提出した「報告書」がある。

1990年代を通して進められた社会保障制度の改革を経て，2000年に成立した新しい社会福祉法には,「措置から契約へ」（貧困者の救済を中心とした選別的な福祉から，利用者の選択を尊重する福祉へ）という考え方と,「地域福祉の推進」

が明示された。こうしたなか出された「報告書」は，“全ての人々を孤独や孤立，排除や摩擦から援護し，健康で文化的な生活の実現につなげるよう，社会の構成員として包み支え合う（ソーシャル・インクルージョン）ための社会福祉を模索する必要”を述べた。具体的には，従来の社会福祉は主たる対象を「貧困」としてきたが，新しい社会福祉においては「心身の障害・不安」（アルコール依存等），「社会的排除や摩擦」（外国人の排除や摩擦等），「社会的孤立や孤独」（家庭内の虐待・暴力等）などの，社会の無理解や無関心から生じている問題を対象とすべきだとした。多数者の合意に依拠する行政活動や，営利の追求を行動原理とする企業活動が及びがたく，また，専門分化した制度やサービスのみでは対応しがたく，より日常的で総合的な対応をこそ必要とする問題といえるだろう。この「報告書」で注目したいのは，新しい社会福祉の構築にあたっては「専門性の向上を図るための制度の分化と，総合性を確保するための制度の調和―地域福祉の推進」が必要であるとし，問題に取り組む主体は，専門家のみならず，社会を構成する一人ひとりであると明示した点である。

かつて，「施設福祉から在宅福祉へ」と政策が展開した1970年代半ばにも，「地域福祉」をめぐって同様の議論がなされていた。「従来の社会福祉」が専ら経済的保障という点から機能してきたのに対し，人の基本的要求は経済的なところにのみあるわけでなく，“安定した職業や家族関係，身体的・精神的健康，万人対等の人間関係や社会的活動，文化・娯楽の要求をもっている”のであり，「新しい社会福祉」は，“対象者のもつ社会関係のすべてをいかに保存するかが重要”となること，“社会福祉の対象となるような生活上の困難の発生しているのはまさしく地域社会においてであるから，その解決の努力も地域社会に向けて行われなくてはならない”との議論[6)]である。だが，「地域福祉」の担い手として，当時の「標準」的な人生モデルを前提に，専業主婦と退職者を主としたボランティアを期待していた1970年代半ばとは違い，今日では「問題に取り組む主体」といっても漠然としている。今日こそ，社会を構成する一人ひとりの関心を喚起し理解を促す働きかけが求められるのであり，社会教育や本来地域における学びを促す拠点であるはずの公民館等が担うべき役割は大きい。

3　インクルーシブな社会に向けた学び

（1）課題解決のための取組が促す学び

社会を構成する一人ひとりが「排除しない」という意志をもち，さまざまな排除の問題に向き合おうとする基本的な態度をもっている社会，向き合うきっかけや向き合いつづける場が日常のあちこちに用意されている社会，そうした「インクルーシブな社会」に向けた学びは，どう生起するであろうか。

今日よく知られる事例に，「ごみ屋敷」の片づけに関する社会福祉協議会の取組がある。社会福祉協議会の職員が，生活上の廃棄物が放置され散乱する家すなわち「ごみ屋敷」として近隣住民から疎まれるようになった家に２年間通いつづけ，ようやく会えた住人と話し，「片づけを手伝わせてほしい」と伝えてからの展開に注目される事例である。社会福祉協議会では，清掃業者などの「専門家」にすべて委託して効率よく片づけてしまうのではなく，片づけを手伝う「ボランティア」を募った。そして，“地域のボランティアとともに片づけをすることで，家を片づけるだけでなく，その後の近隣との関係を結びなおすことにも留意”し片づけを進めていったのである。地域で孤立し排除される傾向にある人の存在を，「ごみ屋敷」という呼び方で伏せてしまうのではなく，そこに住む住人として，名前や顔，声や人柄とともに捉え，認識できる住民を増やそうとする意図的な働きかけとしての取組であり，片づけ作業を通して相互に関わる人同士の認識や関係の変容を伴って展開していった事例である。社会福祉協議会の職員が少なくとも２年以上，当地に足を運び，そこに集う人々と顔を合わせながらその展開を支援していった事例であり，社会教育の関係職員のあり方を再考させられる事例の１つといってよいであろう。

社会福祉協議会では，こうした福祉的課題解決に向けた取組を通した学びを，次のような展開過程のなかで捉えている。すなわち，A：対象理解ではなく，具体的な個人への関心を促す，B：対話を通して関係性を育みながら，お互いに理解をしていく，C：地域のなかでの意図的な「学びの場づくり」，D：反感・コンフリクトへのアセスメント，E：アドボカシー，通訳的な役割を担う人材の育成というものである[7)]。

（2）教育プログラムが促す学び

他者の困難への気づきを促そうとする福祉教育プログラムは，ともすると，アイマスク装着や車椅子での移動を体験するといったかたちで「障害」を「疑似体験する」にとどまり，結局は「(障害があると) 可哀そう，たいへんだ，自分は恵まれている」といった認識をもたせ「貧困な福祉観の再生産」につながることが問題とされてきた。どういった考察を記せば「正解」とみなされるかがあらかじめわかるような，予定調和な展開を期待するプログラムに参加して，退屈だと感じた経験は，誰しもあるのではないだろうか。そうした反省のうえに，他者に困難を生じさせている社会のあり方をこそ考えるプログラムの重要性と必要性が指摘されて久しい。

たとえば，心身に障害のあるAさんという実在の人物の生活を支援するボランティアや，被災時の避難所運営を考えるワークショップなどに参加するプログラムは，どんな人でもさまざまな条件によって生活に困難をかかえる状況に陥ること，それは他人事ではないのだと理解するためのプログラムとして定番のようになっている。スポーツやダンス，音楽や歌など，そこに少しの配慮がありさえすれば，年齢や障がいの有無，また性的指向，出自や信条といった違いを越えて共に楽しむことができると実感できるプログラムも，その有用性が知られているからこそ広まったといえるだろう。あるいは，高齢者と子どもという二者間の相互理解・協調関係の構築に向けた「世代間交流プログラム」については，「世代間関与の深さ」が，間接的な関与から直接的な関与へ，単発的な関与から定期的な関与へ，期間集中的な関与から継続的な関与へと，プログラム参加者同士の関与が深まることが理想とされ，次のように類型化されることがある[8)]。

> レベル1：参加者同士の直接的接触は全くないが，参加者は他の年齢集団に属する人々についての知識を得るプログラム。
> レベル2：参加者同士の直接的接触は全くないが，手紙のやりとりや贈り物をしあうようなプログラム。
> レベル3：参加者同士が最後に一度出会うことで終わる。互いの訪問を計画し，実行するというプログラム。

レベル4：地域の諸行事などと関連して定期的に実施され，定期的に参加者同士が顔を合わせるプログラム。
レベル5：参加者同士が協力しあって何かをするために特定の期間で実施される集中的なプログラム。実験的・試験的に行なわれるようなプログラム。
レベル6：継続的なプログラム，つまり上記のプログラムが定型化し，その実施を専管で担う機関や，継続的に実施していく仕組みが確立されている段階。
レベル7：継続的で自然なサポート・コミュニケーション，つまり定型的なプログラムや介入の枠を超え，地域にねざしたものとなる段階。

仮に若者が，認知症の一般的事項について学び（レベル1～2），地域に実在する認知症のAさんと話し（レベル2～3），定期的に会い（レベル4），何かを共に成し遂げる経験をしても（レベル5），本当のところ，「わからなくなる」「できなくなる」ことの不安や痛みを理解することは，できないかもしれない。それでも，そのような学習の場・プログラムが常にある（レベル6）ことは，いつか自分や自分の近しい人が認知症になったとき，自身の意思が尊重される環境のなかで暮らしつづけるという姿を理解しやすくするであろう。

（3）日常的な場から生まれる学び，場が促す学び

「正論」を伝えるプログラム，隙のないプログラムは，ときにその場にいる人々の間での議論を硬直化させる。たとえば，「障害者」か「障がい者」か「障碍者」かなど，表記の1つひとつに立場があらわれると学ぶのは大事だが，学んだことで自分の無知や認識不足を痛感し，自分の不用意な発言で誰かを傷つけることを恐れたり，自分の内にある偏見が露呈し批判を受けることを恐れたりするために，他者に対する発言を抑制するといったことが生じる。

しかし，年齢や障がいの有無，性的指向，出自や信条ほかあらゆる属性や状況をもって誰もが排除する／されることのない社会，そうした社会の実現に向けた教育実践を構想するとき，学ぼうとする誰もが，大上段に構えることなく，必要以上の警戒をすることなく，同調を強いられることもなく，一定の緊張感と安心をもって話すことができる場は今後一層重要性を増すであろう。

昨今では，人々の生活において職場・学校，家庭以外の「第３の居場所」がもつ意義に注目が集まり，カフェ，サロンなどを冠した居場所づくりは各地に広がっている。福祉的課題は，目にみえやすいものばかりではない。むしろ，みえない課題のほうが多いといってよいだろう。めざされるのは，誰かが一人でかかえてきた悩みや課題が，共に過ごす時間のなかで，部分的にでも誰かに共有されていき，ひいては社会的課題として可視化する力をもつ場所でもある。さまざまな人が集まる分，さまざまな葛藤が生じうるが，その調整や解決に取り組むことを通して，人と人とが理解しあえるようになる。異なる前提，異なる立場にある人々が，相互に差異を認識しつつ議論できる空間としてコーディネートされ，恒常的に物理的にある場所の重要性が認識されるようになっているといえるだろう。

（4）さまざまな学びの機会・場所を提供・創出する主体とは

「インクルーシブな社会に向けた学び」を促す主体は多様でありうるが，行政が担う社会教育の役割を問わないわけにはいかない。たとえば，1990年に同性愛者団体の宿泊利用を拒否した「青年の家」に対する裁判は，1997年「青年の家」側の敗訴が決まった。学ぼうとする誰をもその機会・場所の利用から「排除しない」という理念と現実の間には，どのような問題，矛盾や葛藤があるのだろうか。個別具体的な文脈と事例に即して考えていかなければならないことは今後ますます増えるであろうし，問題，矛盾や葛藤を調整する経験を積み上げていくことは，「インクルーシブな社会」に向かう大きな力になるであろう。行政の専門的職員の配置は縮小の一途である今日，誰がそうした積み上げに責任をもってたずさわるのか，いま一度，行政としての検討・判断がなされなければならないだろう。

最後に提示する文章は，障害のある母（かか）について，今度生まれてくるきょうだいに教えたいと，さまざまなことを調べ考えた，小学１年生の作文の抜粋である。

> 　ほかの人がふつうにできることが，どうしてかかにはむずかしいんだろう。ずっとふしぎだったので，わたしはこのまえ，かかにきいてみました。
> 「かかには ASD ってしょうがいがあるの。」
> かかはいいました。どんなしょうがいかきいたら，かかはうーんとかんがえて，
> 「かかの ASD は，かかみたいになるの。」
> といいました。よくわかりません。ととにきいたら，おなじしょうがいでも，人によってとくちょうがちょっとずつちがって，こまりごとや，たすけかたもかわるんだとおしえてくれました。
> 「じゃあ，かかのことは，しょうがいの本をよんでもわからないの？」
> 「しょうがいのことをせつめいしてくれる本はあるけど，かかのことをかいた本はないかな。」
> ととはいいました。それなら，わたしがかかのことをしらべてつくってあげようとおもいました。なぜなら，３月に生まれてくるきょうだいが，わたしみたいにかかをしりたいとおもったとき，ちゃんとせつめいしてあげられるようになりたかったからです。
>
> …（略）…
>
> 「あかちゃんがうまれたら，ぜんぶおしえてあげようとおもったけど，やーめた。」
> わたしはきめました。なぜなら，きょうだいにも，かかといっぱいはなして，いっぱいいっしょにすごして，そうやってかかをしってほしいとおもうようになったからです。もちろん，こまったり，いやなきもちになったり，ふしぎにおもっているときは，ちょっとおたすけマンになっておしえてあげます。りゆうがわからないまま，かかをきらいになったらもったいないからです。わたしはかかが大すきで，ずっとなかよしでわらっていたいから，しりたいし，たすけたいとおもいました。とともきっとそうです。あたらしくかぞくになるきょうだいも，おなじきもちになってくれたらうれしいです。かかのことをしらべて，たくさんおはなしをして，ながーい，ながーいこのさくぶんをかいて。そうなるようにおてつだいしていくことが，わたしのもくひょうになりました。

出所：藤本千尋（2023）「ゆらゆらゆれる，かかのこと」『第14回子どもノンフィクション文学賞受賞作品集』北九州市立文学館，10–16頁

この子どもはさまざまなことを学び，わかるようになっていって，結局「あかちゃんがうまれたら，ぜんぶおしえてあげようとおもったけど，やーめた」と書いた。「インクルーシブな社会に向けた学び」とは，このようなものかもしれない。大切に思う誰かのために学ぶのであって，一般論として学ぶことに動機がある人はごく一部だろう。誰かに（まして第三者に）教えてもらうことが意味をもつのは，ほんの一部だろう。そのほんの一部の意味を認識し，学び

の機会・場所のあり方の追求を放棄しないということが，社会教育の意義であり，行政が「環境を醸成」するということなのではないだろうか。

［伊藤真木子］

【注】

1）小林文人編（1988）『公民館の再発見―その新しい実践』国土社，42-43頁
2）総合研究開発機構（1979）『生涯教育の現状と課題―欧米諸国の実態から』ⅴ頁
3）総合研究開発機構（1980）『日本の生涯教育』235頁
4）岩田正美（2008）『社会的排除―参加の欠如・不確かな帰属』有斐閣，53-55頁
5）飯野由里子・星加良司（2022）「『心のバリアフリー』は毒か薬か」飯野由里子・星加良司・西倉実季『「社会」を扱う新たなモード』生活書院，80-81頁
6）岡村重夫（1974）『地域福祉論』〈社会福祉選書①〉光生館，1-11頁
7）全国社会福祉協議会／全国ボランティア市民活動振興センター（2014）『社会的包摂にむけた福祉教育～実践に向けた福祉教育プログラムの提案～』
8）M．カプラン（2004）「世代間プログラム―どの程度深く関与するかの問題」『インタージェネレーション』〈現代のエスプリ444号〉至文堂，53頁

【参考文献】

大橋謙策（1978）『社会教育と地域福祉』全国社会福祉協議会
津田英二（2023）『生涯学習のインクルージョン―知的障害者がもたらす豊かな学び』明石書店

第5章
ジェンダー平等社会に向けた人々の学び

1 「ジェンダー」とは何なのか

性（セックス）とは，「男性」や「女性」などといった生物学的・身体的な特性として一般的に捉えられており，「ジェンダー」とは，社会や文化のなかで構築されてきた性差（「男らしさ」「女らしさ」など）として考えられている。私たちが「男性だから」「女性だから」と特定の性別と関連づける態度や嗜好というものは，生物学的に存在していたものではない。男児がブルー・女児がピンク，男性は仕事・女性は家事といったジェンダー規範は，歴史の変遷のなかで社会によってつくられてきた。つまり，ジェンダーは社会的に構築される概念であり，家庭・学校・職場などもジェンダー意識の形成に大きな影響を及ぼしている。私たちは周囲の人々との関わりのなかで「男性はこうあるべき，女性はこうあるべき」などのジェンダー規範を内面化し，それらの規範に従った言動をするように学びながら成長する。この過程をジェンダー化と呼び，生後間もないころの保護者との関係性から始まり，学校や社会に出てからも継続的に続く。

ジェンダー規範は，国や民族，文化などによって異なる。歴史的に根づいたものであっても，近年の科学技術などの発展，時代や社会のニーズに合わせて変化していく。ジェンダー規範について考える際，私たち誰もがその当事者であり，その影響を受けて日常生活を営んでいる。だが，私たちのほとんどがその当事者性をあまり意識せずに日々を過ごしている。とくに，成人してから自らのジェンダー観を見直したり，そのアンコンシャス・バイアス（無意識の思い込み）を一掃したりするには時間と労力を要する。そのような自己変容を促進していくなかで生涯学習や社会教育の役割は大きいといえるだろう。

2 数値データからみる日本の女性がおかれている状況

非営利財団の世界経済フォーラム（The World Economic Forum）は2006年から毎年ジェンダー・ギャップ指数を公表している。ジェンダー・ギャップ指数は世界各国の男女平等の達成度合いを示す指標のランキングである。この指標は経済・教育・政治・保健の４分野の14項目の変数を総合して数値化されており，そのうち13項目は，国際機関（国際労働機関，国連開発計画，世界保健機関など）が出すデータに基づいている。

スコアは最大が１（平等），最低が０（不平等）で小数点３位までの数値で表されている。2024年度の日本のジェンダー・ギャップ指数は，0.63であり，日本の総合順位は，146カ国中118位（2023年度は146カ国中125位）と，順位は低迷が続いている。指数が低かった分野をみると，政治分野が最低レベルの113位で，男女格差が改善されていないことが示された。経済分野の指数は0.568で，順位は120位だった。こちらも前年（0.561，123位）から横ばい状態が続いている。とくに，労働参加率の男女比，同一労働での賃金格差などの項目に課題がみられ，女性管理職比率の低さは顕著に現れている。総合すると，日本のジェンダー・ギャップ指数は先進国のなかで最低レベルである。

（１）政治分野における男女格差

列国議会同盟（Inter-Parliamentary Union）の2008年の調査報告（17-18頁）によると，女性の立候補を阻む主な要因として，①家庭内の責任，②性別役割分業，③家族の支援不足が上位にあげられていた。いっぽう，男性の立候補を阻む要因として，①選挙区からの支援，②資金不足，③政党からの支援の不足が上位にあげられていた。つまり，男女間に違いがあることが明確である。日本に目を向けてみると，2018年に内閣府男女共同参画局が公表した調査報告書では，女性議員の増加を阻む課題として，①政治は男性のものという意識があること，②議員活動と家庭生活の両立環境が整備されていないこと，③経済的な負担が大きいことの３点が顕著になった。家庭内の責任が女性にだけの負担になっており，政治参画を始めようとする時点から男女格差の問題がある。とくに，現在の議員の働き方をみてみると，女性議員が増えない理由がわかる。たとえば，議員は日中の議会や仕事だけでなく，夜の会合などに出席し，休日も地域のイベントに参加することを期待されている。しかしながら，家事，育児，介護など，家庭的な責任を担うことになっている女性にこのような働き方はできない。

（2）経済分野における男女格差

男性と比べ，女性の働き方はライフイベントに影響を受ける。日本では，結婚・出産・育児・介護に関して男性も協力するように社会が変わってきたとはいえ，女性の負担は大きい。それによって，女性の職業選択や就労機会に制限がかかってしまうケースもある。男女格差を感じる最初のケースが就職活動時だと多くの女性が語っている。その１つの理由が総合職と一般職の違いだと考えられる。総合職とは，企業内の幹部候補として多様な業務に従事する職種のことを示す。一般職とは，総合職をサポートする事務的な職種のことを示す。近年，性別によって採否を判断することは禁じられているが，実際の傾向として総合職と一般職で男女の採用比は異なっている。

大学卒業後に総合職として入社すると，異動や転勤の可能性が高くなる。将来のライフイベントによる変化を想定して，異動や転勤の可能性が低い一般職を選ぶ人もいる。厚生労働省が実施した「令和４年度雇用均等基本調査」によれば，総合職に占める男性の割合が78.7％，女性が21.3％となっている。いっぽう，一般職は男性が66.6％，女性が33.4％と，総合職と比べて女性の割合が高くなっている。このようなコース別雇用管理制度は男女間の雇用格差と賃金格差を生み出す要因としてあげられ，生涯にわたり私たちの暮らしに影響しつづける。また，女性が結婚や出産を機に退職した場合，再就職しようとしても非正規雇用となる傾向が高い。出産・育児と仕事の両立が困難になり，正社員としての復帰を諦めてしまう女性も一定数いるようだ。このような女性の働き方と年齢別のライフイベントの関係を示したグラフがある。女性の労働力率(15歳以上人口に占める労働力人口〈就業者＋完全失業者の割合〉は，結婚・

出産期に当たる20代後半から30代に一旦低下し，育児や親の介護が落ち着いた時期に再び上昇するという，「M 字カーブ」を描く。近年，M 字のくぼみ部分が浅くなってきている。だが，なぜ男性にはみられないカーブが女性にはみられるのだろうか。この問いに対する答えは，現在の私たちの価値観にも影響している日本社会の高度成長期から続く性別役割分業にあると考えられる。

戦後（とくに1960年代）の日本社会の高度経済成長期において，サラリーマンの夫と専業主婦，そしてかれらの子どもたちから成る核家族世帯が急増した。妊娠・出産する生殖機能を有する女性が，授乳を出発点として子育てから介護まで家庭内でのあらゆる無償のケア労働をし，男性が家庭の外で働き経済的に女性や子どもを養うのが当たり前だと捉えられてきた。このような性別役割分業は現在でも男女間の格差をもたらす要因になっている。

3　ケア労働とジェンダーの関係性を考える

私たち人間は生きるためにケア労働を必要とし，ケア労働なしでは生存できない。前述したように，ケア労働はジェンダー化されてきた。男性中心社会において女性を「従属的」な存在としてみなし，常に家庭に属する妻や母として認識しているのはなぜだろうか。アメリカのフェミニスト倫理学者・発達心理学者であるギリガン（2022）やフェミニスト社会学者であるチョドロウ（1981）は，幼少期の社会化プロセスのなかで女性はケア役割を内面化しており，ケア役割に基づく価値観が成人期における女性の人生設計を規定している主張した。さらに，ギリガンは「ケアの倫理」を示し，「女性＝ケアする存在」という私たちの思い込みを批判的に捉えた。

日本でも多くのフェミニストたちがケア労働の低価値を問題視してきた。ケア労働は対価が支払われない仕事であり，家庭において女性が担う役割として位置づけられてきた。このようにケア労働を女性だけに担わせることによって，女性を公的領域（社会）から排除するだけでなく，私的領域（家庭）においても男性の支配を強めているとフェミニストたちは指摘した。

先進国の上流階級の家庭では，人種的マイノリティ（移民や難民）や労働者階級の女性が安価な家庭内労働に従事してきた。先進国では女性の社会進出が進んで，家庭内のケア労働が少しずつ外部化された際も，ケア労働の低い価値は変わらなかった。日本では，経済的，身体的，社会的に自立した「個人（日本人，男性，正社員，健常者）」を基準にして制度や組織をつくってきた。その基準枠に入るように「個人」を育成するために必要なケア労働は私的領域（家庭）に押し込まれて不可視化されてきた。私たちは誰にも頼らずに生活を続けられる「普通の人」を想定している。だが，一生涯「普通の人」であることは誰にもできない。私たちが生まれてから死に至るまで，身体も精神も社会も全て変容していく。変容と共に人が自分らしく生きていくためには，ケア労働を高く評価し，ジェンダー平等の意識をもつことが必要になる。そこで必要なのが，子どもから成人まで継続的にジェンダーについて学ぶ機会である。

4 ジェンダー平等の意識を育む学び

国連が1945年に創設されて以降，「女性の平等」という課題は主な活動の１つとして考えられてきた。女性の権利の促進と擁護や女性に対する差別と暴力の撤廃をめざした国際的な動きのなかで，国連は常にリードしてきた。社会開発，経済発展，そして政策決定などの場所において，女性が公的な活動に完全かつ平等にアクセスし，参画の機会を与えられるように国連は取組を続けている。たとえば，「女性差別撤廃条約」（1985年批准）や国際婦人年（1975年）などのキャンペーンなどがある。このような取組によって，社会的に不利益な立場におかれているマイノリティ当事者に対して国家の積極的な介入を求める「社会権的自由権」の保障の論理が，国内外で提起されてきた。その１つの例が，ユネスコ（UNESCO）の「第４回国際成人教育会議」における「学習権宣言」（1985年）である。その宣言のなかで，学習権を人間の生存にとって不可欠な基本的人権の１つとして捉え，個人が他人任せの客体から，自らの人生を切り拓く主体となっていく学習に焦点が当てられた。

また，1995年に国連が主催し，北京で開催された第４回世界女性会議で，世界中の女性・少女が平等な権利と機会をもてるようにする動きがみられた。

189カ国の代表と活動家たちが北京に集い，ジェンダー平等の世界を達成するには何が必要かというテーマについて協議された。女性の貧困や教育など12分野の目標を掲げた行動綱領が採択され，各国の女性政策の推進につなげた。たとえば，貧困，環境，女性に対する暴力，少女の教育，女性の労働市場への平等な参加，とくに高い技術・知識が必要とされる仕事，STEM（科学・技術・工学・数学）分野，管理職や政治への参加などの課題があげられた。また，仕事と家事のバランスをとり，男女が平等に家事を担うことを推奨することなどもその内容に含まれていた。北京行動綱領は女性や少女の人権を世界的に理解するうえでターニングポイントとなり，女性や少女たちの能力を丁寧に引き出すこと（エンパワメント）が不可欠であるという新しい考え方を打ち出した。

また，北京行動綱領は女性や少女が教育を受けることの重要性を強調し，学びの場づくりを促進するように訴え，女性や少女の教育についての総合的な展望をさらに広げた。それは，女性や少女の就学率の向上だけでなく，中途退学することなく学びつづけられるようにする政策や方針についても言及し，社会の構成員として主体的に動くために女性や少女たちの地位の向上をめざした。つまり，女性や少女が自分の人権について学ぶことは，自分の力を取り戻し，差別や抑圧の構造から抜け出る重要な方法になりうる。女性は日常的に差別や抑圧にさらされることによって，男性の価値観が「普通」だと思い込み，そのことによって女性自身を「異常」として低く評価する。それゆえに，自らの尊厳と，権利の主体としての立場を取り戻すことは，「普通」の呪縛から自らを解放し，人間性を回復することである。女性や少女の人権教育は，自分らしく生きる力を取り戻すという文脈でエンパワメント教育であると考えられる。

日本では，ジェンダー平等をめざす社会を「男女共同参画社会」と呼んでいる。男女共同参画社会とは，1999年６月に施行された男女共同参画社会基本法（第１章・総則・定義）のなかで，「男女が，社会の対等な構成員として，自らの意思によって社会のあらゆる分野における活動に参画する機会を確保され，もって男女が均等に政治的，経済的，社会的及び文化的利益を享受することができ，かつ，共に責任を担うべき社会」と定義されている。つまり，この法律が制定されたことによって，それまで問題視されてこなかった男女格差を社会問題として認識し，その問題を是正するために社会変革を起こそうと動きはじめた。

ジェンダーの視点から学びを問い直すならば，男性と女性の間にある格差に無自覚であり，それゆえに中性的（あるいは無性的）な成人教育・学習論が広く通用していたことに対して批判的になるべきだろう（中藤，2005）。私たちは，社会のあらゆる場所を支配していた男性の立場から事象を捉えており，結果的に学びが男性主体なものに傾いていたことは明らかである。つまり，女性も男性の考え方を内面化しており，主体になれないままだった。多くの課題をかかえる女性たちがどのような学びのなかで問題解決の主体として自己形成するのかという問いを考えることが，ジェンダー平等社会に向けた学びの１つの意義であろう。

5 ジェンダー平等と社会教育

日本でジェンダー平等の意識を育むために人々の学びを促してきたのは，独立行政法人国立女性教育会館（NWEC）をはじめとする各地にある女性センターや婦人会館（現在は，男女共同参画センターに名称を変更している施設が多くなっている）などである。これらの公的施設は，「国連婦人の十年」だった1975～1985年の間に全国各地に設置され，女性問題の解決，女性の地位向上，女性の社会参画を主なテーマとして設定し，問題をかかえている女性のために情報提供，相談，研究などの業務を続けてきた。つまり，これらの施設では，女性問題を解決するために社会教育的な学習事業が進展され，ジェンダー平等社会の創成の一助となってきた。社会教育のなかで，私たちがそれまで当たり前だと捉えていた思い込みや押しつけが外れて，新しい考え方ができるような学びとは，どのようなものだろうか。

戦後日本の社会教育は，民主的な社会・国家を形成することをめざして，国家が責任をもって環境醸成をするという特徴があった。この理念のもと，婦人会や女性サークル，育児サークルのサポートを通して政策実現してきた。1970

～1980年代にかけて全国の女性会館，公民館を中心に女性問題学習が実施されていた。女性問題学習に関して次の３つの特徴があげられる（村田，2006，102-103頁）。

> ①女性問題を性差別・人権侵害の問題と捉えるための学習
> ②婦人教育を女性問題解決のための学習と捉えて事業を行うための学習
> ③自他の人格を尊重し，対等な関係をむすび，互いの成長を支えあいながら生きていく人間的力量を養うための学習

長年，東京都国立市の公民館職員だった伊藤雅子（1993年，40頁）は，「女性問題学習は，独学では身につかない」と考え，子育てを通して，周囲の人々とのつながりのなかで母親として自分自身も育とうと試みる態度の重要性を訴えた。女性問題学習で共に学んだ女性たちは，自分自身で人生を切り開き，新たな活躍の場を求めて，政治家，起業家，大学院進学などをめざした。

女性は，男性よりも出産・子育て・介護などケア労働の影響を受けやすく，社会や組織に残っている性別役割分担の影響も受けやすい。そのため，職業選択において就職活動時から選択の幅が狭まっており，就業形態も非正規就労の割合が著しく高い。さらに，男性と比べて，女性は家庭内で果たす役割の多さから，これまでは職業や生き方について考える機会が少ない傾向にあり，職場や組織における教育，キャリアに関する情報やカウンセリングなどの機会が十分ではなかった。女性は，就労のみならず，地域活動，子育てや介護など，男性に比べて多様な役割を果たしている。しかし，そのなかで，経済的な価値に結びつく仕事ばかりが重視され，この価値に合わない家庭や地域での活動などは低く評価されてきた。これらは，個々人に刷り込まれたジェンダー観と深く関わっており，その価値観を変えることなくしては，解決しない問題である。

では，どうすれば私たち成人の価値観を変えられるのだろうか。成人たちの価値観を変えなければ，子どもたちの価値観を変えることができない。しかし，成人に対する教育は義務教育（学校教育）ではないので，成人が学ぶ機会を増やすことが課題である。より多くの人々に学ぶ機会をもってもらうためにどうすればよいのだろうか。学校教育はあらかじめカリキュラムが決まってお

り，何歳（何年生）で何を習得するということが決められている。だが，社会教育には決められたカリキュラムも学習者に求める1つの正解もなく，答えを自分たちで出していくという学びのスタンスを取る。つまり，学習者たちが自分たちで学習内容を考え，多数の学びが生まれ，多数の答えが出てくるということが，社会教育の重要な特徴になる。

社会教育法第3条に「…すべての国民があらゆる機会，あらゆる場所を利用して，自ら実際生活に即する文化的教養を高め得るような環境を醸成するように努めなければならない」と明記されている。学ぶ機会はすべての人々に，そして男女平等に与えられるべきであるが，学ぶ内容を吟味しなければ，保守的なジェンダー規範を再生産する懸念もある。

たとえば，「男女共同参画社会基本法」がきっかけとなり，日本社会では「ジェンダー・バックラッシュ」と呼ばれる現象が起こった。この現象は，保守派の政治家たちが家制度や戸籍制度といった保守的な価値観に基づき，女性の人権を擁護するフェミニズムを攻撃する動きであり，保守派が非難や攻撃の対象にしたのがジェンダー概念だった。その際，ジェンダー概念を曲解し，批判することによって保守的な規範を正当化した。保守派は，性差を否定し，過激な性教育を行い，フリーセックスを推奨するフェミニスト像を捏造し，そして，男女共同参画社会基本法やフェミニズムに対する否定的な世論を喚起した。このように，ジェンダー不平等は政治的な問題でもあり，人々が学びと対話によって政治に参加することは，エンパワメントの重要な局面といえる。

また，女性が性差別に直面するのは，学校を卒業し，社会に出てからのケースが多い。本章第2節（2）で数値データを使って男女格差の現状についてみたように，近年，働く女性の人口が増えてきたが，管理職や政治家のポストに就く女性の数はまだ少なく，男性の家庭参加も十分ではない状況が続いている。このような状況を少しでも改善するために，各地の社会教育施設では，女性の社会進出や男性の家事・育児を促進するような講演会やセミナーを多く開催してきた。

1999年に施行された「男女共同参画社会基本法」に基づいて，2000年に閣議決定された「男女共同参画基本計画」では，「女性も男性も各人の個性と能力を発揮し，社会のあらゆる分野に参画するためには，生涯学習の振興が極めて重要な意義をもつ」と記述された。国際的な潮流の影響もあり，生涯学習の文脈で女性のエンパワメントに注目が集まった。とくに女性をめぐる暴力や貧困の解決という文脈が強まり，教育委員会から首長部局に管轄が移った。男女共同参画として教育委員会管轄から外れたことによる負の側面を勘案すると，「女性の問題」として問題が囲い込まれてしまう状況や，ほかの人権問題学習との接点から遠ざかってしまう状況が生まれやすくなったことがあげられる。女性だけでなく，さまざまな形で社会の周辺に位置づけられ抑圧されてきた人々が，相互に学びあい，それぞれかかえている問題をすり合わせ，連帯していくことも，平等な社会に近づくために必要なことである。

6　ジェンダー平等社会に向けた学び―哲学カフェの取組

グローバル化が急速に進む社会のなかでは，多様な価値観をもつ人々との共生が重視されている。また，近年の地球温暖化や自然災害・感染症の影響により，私たちはそれまで経験したことのない状況に直面している。そのような状況では，既存の方法論や従来の考え方は通用しないし，１つの正解があるわけでもない。状況を改善するためには，あらゆる場面で自ら考える力を必要とする。ところが，考える力は，私たち皆がもっている力のようだが，じつはそうではない。家庭でも，学校でも，社会や組織でも，「考える」ということを学んでいないのだ。私たちは個々の状況に必要な規範を内面化し，そのなかであらかじめ想定された問いに対して正しい答えを出すことを学ぶ。だが，いかに早くいかに多く正解を出しても，想定外の事態に対応できるわけではない。答えのない問いに向き合い，自分のおかれた状況を的確に察知し，その事態に対応できるようにひたすら考えることが求められている。とくに，ジェンダー平等社会に向けた学びとは，ジェンダー学の知識を習得するだけではなく，ジェンダー規範から自由になるために私たち一人ひとりの意識を変える必要がある。そのような意識変革を可能にするのが，その場にいる人々と共に考える

「対話」としての哲学実践である。この実践が重視していることは，一人で勝手に考えるのではなく，多様な人々と共に考えることであり，ジェンダー問題を考えるためには，「対話」の場が適している。

哲学実践の１つに哲学カフェがある。哲学カフェとは，コーヒーなどの飲み物を片手に進行役のサポートのもと，私たちの経験や日常生活に関わるテーマについて，参加者同士が対話をする活動である。1992年にフランス，パリのカフェで自然発生的に始まり，その後，世界中に広まった。日本では2000年頃から哲学カフェが開催されるようになり，現在では全国100カ所以上の場所で開催されている。哲学カフェでは，その場に集まった参加者たちが主体的に対話をするために，参加者（進行役も含む）がお互いの顔を見えるよう，車座になることが一般的なやり方である。進行役がセミナー講師のように専門知識を提供するわけでも，内容やゴールがあらかじめ決まっているわけでもない。哲学カフェは，参加者たちが共に１つのテーマについて多様な事象を発見し，探求・探究する場である。

筆者が運営してきた哲学カフェでは，多様な世代と職種の成人が集い１つのテーマについて対話をしている。ここでは具体的にどのような対話が出たのかは記述できないが，参加者の意識変革が起こるケースを考えたい。ジェンダーをテーマにした哲学カフェで頻繁に起こるのが，年配の男性が無意識に（悪意のない）女性蔑視的な発言をしてしまうケースだ。酷い発言が出た時点で対話を止めて，仕切り直す場合もあるが，筆者は「なぜそのような発言をしたのか」を問うことにしている。問いを重ねていくと，その発言をした参加者だけではなく，そこにいるすべての参加者が女性蔑視的な具体例をあげて考えはじめる。たとえば，元首相で東京オリンピック・パラリンピック競技大会組織委員会委員長だったＭ氏（2021年２月当時）が日本オリンピック委員会（JOC）の臨時評議会で「女性がたくさん入っている理事会の会議は時間がかかります」などといった女性差別的な発言をしたことは記憶に新しいだろう。Ｍ氏がどのような理由や文脈で会議や女性への思い込みがあったのか，私たちは誰も知らない。マスコミからの批判やSNS上のバッシングが続き，辞任に追い込まれた。だが，問うべきことを誰も問うていないし，M氏も答えるべきことを何も答えていない。M氏の言動の何がどう悪かったのか，女性蔑視とは何かという本質的な問いを考えることなく，この問題は消えていったのだ。哲学カフェの場でも，M氏が出したような発言がたまに出てくることがある。その際，発言者を非難せず，参加者全員で問い合い，考えることにしている。「女性蔑視＝悪いこと」だと，私たちは日常的に認識している。だが，なぜ女性蔑視が悪いのかを実例をあげて考えたことがあるだろうか。私たちの多くはその問いを真剣に考えた経験がない。ジェンダーをめぐる哲学カフェの実践では，それぞれの経験について語られるとき，お互いに考え方の偏りやそれぞれのジェンダーバイアスに気づき，既存のジェンダー規範を批判的に捉えることができる。

哲学カフェに集う参加者たちの学びは，男性／女性，シニア世代／若者世代などという対立構造を超えて，どのような経験を積み重ねてきたか，あるいはどのような集団や組織に所属している（いた）か，といった社会・文化的な背景によって大きく異なる。しかし，対話のなかで葛藤しながら自分自身のアンコンシャス・バイアスと向き合い，ジェンダーに対する考え方や認識が変容していく。このような哲学対話は，知識を詰め込むだけの従来の教育に代わって，他者と共に対話し創造的に思考する学びを高める社会教育の実践として捉えることができる。民主的な社会の維持と発展をめざしてきた社会教育の理念を哲学カフェの実践活動を通して体現しているようにみえる。とくに，多様な人々との対話のなかで，人間としての自分自身も育とうと試みる態度は，ジェンダー問題を解決するための一助になり，ジェンダー平等の推進につながることが期待される。つまり，哲学カフェの実践は，それまでのジェンダー規範やアンコンシャス・バイアスを自ら問い直し，他者と共に新しい考え方を身につけることができる社会教育の場であるといえよう。

7　ジェンダー平等をめぐる社会教育

ジェンダー問題は，学校教育だけで解決できることではなく，家庭や地域や職場などでの日々の対話実践を積み重ねていくことが必要不可欠である。成人の思い込みや価値観を疑問視し，そこから自らのジェンダー規範を問い直すことが，ジェンダー平等社会に向けた教育へと結びついていく。とくに，日ごろから子どもたちに接する保護者や教員・支援者などの成人に向けたジェンダー研修や哲学カフェは1つの有効策になる。子どもたちの意識変革をするには，まず成人たちが変わるための教育が必要になる。日常生活のなかで意識変革を促進するために，女性の理系教員の数を増やすことや，女性が管理職を担いやすい組織づくり，男性が育休を取得しやすい制度づくりなどの対策を講じる必要性がある。そのような組織や制度づくりのための意識変容に社会教育が一役買っているのである。女性だけを対象にする学習では，ジェンダー問題の解決にはならない。なぜなら，世界的にみて，ジェンダー平等とは言い難い状況であり，女性だけではなく，性的マイノリティ（LGBTQ+）当事者たちがあらゆる場面で不利な立場におかれているからである。近年，ジェンダー平等社会に向けた学びは，男女の二元論の枠を超えて，性の多様性と人権について考えるように発展してきた。私たちの性のあり方，性に関する事柄は，男女という2つのパターンに分けられるほど単純なものではない。ここで強調しておくが，性は非常に複雑かつ多様である。性の多様性について理解するうえで必要な性の構成要素が4つあることを確認しておこう。①身体の性，②性自認（心の性），③性的指向（好きになる相手の性），④表現したい性の4つ構成要素が複雑に関わりあって，個人の性は形成されている。性は，その人の生き方であり，個人の尊厳に関わる重要な問題が含まれる。

「LGBTQ+」という用語を説明しておく。まず，「L」はレズビアン（Lesbian：女性を愛する女性），「G」はゲイ（Gay：男性を愛する男性）である。「B」はバイセクシュアル（Bisexual：女性または男性，あるいはそのほかの2つ以上の性に惹かれる人）をさす。「T」はトランスジェンダー（Transgender：身体の性と性自認が異なる人）のことを示す。日本では，LGBTが比較的知られるようになった。だが，実際には，性はカテゴリー化できないほど複雑である。性的指向に関しても明確に「同性愛」「異性愛」というどちらかの枠に入れない人もいる。性自認も，男性にも女性にも適合しないという人など多様である。つまり，LGBTの4つのカテゴリーでは説明できない「性」が存在し，その多様性を示すのが，「Q＋」を加えた表現である。このときの「Q」はクィア（Queer），およびクエスチョニング（Questioning）を意味する。クィアは，日本では異性愛者，およびLGBTの4つ以外の多様な性的指向や性自認の意味で使用されることが多いようだ。クエスチョニングは，自身の性的指向や性自認が明確に定まっていない人，または意図的に決めていない人などのことを示す。「＋」はLGBTQ以外の複雑で多様な性を表している。

2023年に成立したLGBT理解増進法（正式名称「性的指向及びジェンダーアイデンティティの多様性に関する国民の理解の増進に関する法律」）は，性的マイノリティ当事者への理解を深めることを求めている。しかしながら，「全ての国民が安心して生活できるよう留意する」などの文言が法案に盛り込まれたために，ジェンダー平等を考える際に重視してきたマイノリティの人権ではなく，マジョリティへの配慮に軸足がおかれることが懸念されている。マイノリティもマジョリティも私たちは自分が生きたいように生きる権利を有し，その権利は一人ひとりに等しく保障されている。そのような保障が得られない場合，私たちはそれを地方自治体や国などに求めることができる。現在の社会制度の多くは，マジョリティを想定してつくられており，あらゆる権利の保障は不均衡な状況にある。本章第5節で述べたように女性が自らの問題や人権について学び，周囲とのつながりのなかで意識変革を遂げてきた。今後は，性の多様性を含むジェンダー問題を共に考える機会を増やすために創意工夫を加えることが求められている。多様性を掲げながら人権や社会制度について学ぶことは，ジェンダー平等社会に向けた意識変革や社会変革につながる。つまり，そのような変革を実現するためには，女性だけではなく，LGBTQ＋当事者，外国にルーツのある当事者，障害のある当事者，あらゆるマイノリティ性のある当事者などのエンパワメントのための学びの活動や支援の要求を出していくことも今後の課題であろう。

ジェンダー平等をめぐる社会教育とは，社会の構成員一人ひとりに，すべての人々の人権を尊重する態度を育てるものであり，生物学的な男性や女性という意味とは異なる社会的・文化的につくられた性差を意識できるように学べる場と性の多様性やマイノリティの人権について学べる場を，社会が責任をもって提供することである。ジェンダーや性に対する思い込みや押しつけを減らし，ジェンダー問題や性の多様性に敏感になれる成人を育てることを目的としている。生涯にわたって，自分とは異なる多様な人々を尊重できるようになるための学びを提供することは，私たち一人ひとりがありのままで自由に生きていけるコミュニティを創成するために大きな効果を及ぼすだろう。

［稲原美苗］

【参考文献】

伊藤雅子（1993）「女性問題学習の視点：国立市公民館の実践から」未来社

川口章（2013）『日本のジェンダーを考える』〈有斐閣選書〉有斐閣

ギリガン，C.（2022）『もうひとつの声で―心理学の理論とケアの倫理』川本隆史・山辺恵理子・米典子訳，風行社

チョドロウ，N.（1981）『母親業の再生産―性差別の心理・社会的基盤』大塚光子・大内菅子訳，新曜社

中藤洋子（2005）『女性問題と社会教育―ジェンダー視点に立つ成人の教育・学習論への試み』ドメス出版

村田晶子（2006）『女性問題学習の研究』未来社

第6章
ICT社会の課題と人々の学び

1 ICTと生涯学習

（1）ICT社会への移行

今日，人々の生活は，情報通信技術，すなわち，ICT（Information and Communication Technology）[1]に囲まれている。たとえば，人々は，パソコンやスマートフォン（スマホ）などのICT機器を持ち歩き，検索エンジンやSNSを通じて，情報を得ている[2]。また，多くの身近な機器は，IoT（Internet of Things）として，ネットワークに接続され，最新の情報を反映したり，遠隔で動作を制御したりすることが可能になっている。

コンピュータが一般的なものになる前から，情報が資源としての価値をもち，情報産業が経済的に進展し，人々の生活にICTが入り込むことは，「情報社会」の到来として，国内外で予見されてきた。そして，実際に，技術革新により，現代は，デジタル社会，IT社会，ICT社会であるといった説明がされるようになった。ICT社会とは，さまざまな定義がなされるが，おおむねICTが人々の生活にあふれ，欠かせないものになっている社会をいうと理解できる。

1995年に，マイクロソフトからWindows 95が販売され，これまで研究やビジネスなどの業務において活用されてきたコンピュータが，一般家庭に普及しはじめた。これ以降，日本において，ICTの普及と活用は，教育を含むさまざまな領域の政策によって推し進められてきた。たとえば，2000年の高度情報通信ネットワーク社会形成基本法（通称，IT基本法）制定や，2001年から政策として展開された「e-Japan戦略」，それを引き継いだ「u-Japan」などによって，全国的に通信環境の整備が進められてきた。

また，生涯学習・社会教育においても，ICTは着目されてきた。たとえば，2000年には，ICTを主要な論点とした生涯学習審議会答申「新しい情報通信技術を活用した生涯学習の推進方策について」が出された。この答申では，情報を活用する能力を身につけるための学習機会を充実させることや，施設に情報機器を整備することなどが提起されていた。

学校教育では，1989年の学習指導要領の改訂により，中学校における技術・家庭科において，技術分野に「情報基礎」が選択領域の1つとして追加された。さらに，1998年の改訂によって，同領域は必修となった。また，1999年の学習指導要領の改訂により，高等学校では，教科として「情報」が新設された。学校教育において，ICTに関する学びが位置づけられたことは，ICTに関する知識・技術が，科学技術や情報産業にたずさわる人だけでなく，誰もが身につけるべきものとしてみなされるようになったことを意味するであろう。

その後も，環境の整備や学びの推進は絶えず行われてきたといえるが，2020年前後には，2019年に発生した新型コロナウイルス感染症（COVID-19）の影響もあって，いっそう普及と活用の促進がめざされるようになったといえる。

生涯学習・社会教育では，各種学級・講座などにおいて，オンライン会議システムによる参加が試行されるようになった。また，図書館で電子書籍サービスの導入が促進されたように，デジタル化されたコンテンツを配信することも進められてきた。学校教育では，2017年から2018年にかけて，学習指導要領が改訂され，情報を活用する能力を重視し，プログラミングや情報セキュリティが教育内容として盛り込まれた。加えて，2019年から展開された「GIGAスクール構想」によって，機器の導入や通信環境の整備が図られ，ICTを活用した学びが推奨されてきている。

そして，今後も，ICTを活用した新たなメディアやシステムが登場するたびに，人々の学びに影響する可能性は否定できない。たとえば，ユーザの要求に応じて，テキストや画像などを生み出すことができる生成AI（Generative Artificial Intelligence）の普及は，生成AIを対話相手として，外国語の学習をしたり，生成AIを使った情報探索をしたりするなど，新たな学びの方法を実現した。いっぽうで，生成AIが，虚偽の情報をあたかも正しい内容であるかのように回答する「幻覚」（hallucination）が起こりうることや，学校教育において，学習者が，出題された課題を生成 AI に処理させることなど，生成 AI を学びに用いることの是非が議論されてきている。

このように，ICT の普及は，社会的に着目されるとともに，学びに関わる問題としても扱われ，その重要性は高まってきているとみなせる。同時に，ICT と学びをめぐって，さまざまな問題が生じていることも確かである。そこで，本章では，生涯学習・社会教育における ICT と学びについて，その特質と課題を整理する。なお，ICT は，ラジオやテレビなども含みうる概念であるが，ここでは，新たな変化を捉えるために，インターネットの活用を中心に考える。

（2）ICT と学びの関係

ICT 社会における学びを捉えるには，ICT と学びの関係に着目することが有効である。この点について，学校教育に関する政策では，「教育の情報化」がうたわれてきた。これは，情報教育，教科指導における ICT 活用，校務の情報化の 3 つから構成されるものである。このような枠組みは，ICT と学びの関係を説明するうえで，しばしば用いられるものであり，生涯学習・社会教育においても援用できる。すなわち，生涯学習・社会教育における ICT と学びの関係は，次の 3 つから捉えることができる。

第一に，ICT について学ぶことが考えられる。常に新しい情報技術が登場しつづけている現状において，人生の初期に受けた学校教育だけでは対応できない。したがって，社会教育施設などにおいて，ICT に関する知識・技術を身につけることが想定される。

第二に，ICT を使って学ぶことが考えられる。コンピュータを用いた学習は，e ラーニングといわれるが，今日においては，もはや日常的な学びの方法のひとつとなったであろう。

ICT を使った学びには，2 つの側面がある。1 つは，学習に関する情報，すなわち学習情報が ICT によって享受されることである。学習情報は，情報自体が学ぶ内容である百科事典的情報と，学びの機会に関する情報である案内情報に分けられる。たとえば，図書館や博物館が構築してきたデジタルアーカイブは，前者である。社会教育施設以外では，大学が講義を録画ないし録音し，教材とともに提供するOCW（OpenCourseWare），さらに，コンテンツに加えて，学習成果を評価・認定するしくみを有するMOOCs（Massive Open Online Courses）も登場してきている。いっぽう，公民館における学級・講座や博物館の特別展の開催に関する情報は，後者である。

もう1つは，ICTによって学びの場に参加することである。つまり，教える人と学ぶ人，あるいは，学ぶ人同士のコミュニケーションがICTによって実現されることがありうる。従来，生涯学習・社会教育では，学習者が一か所に集まり，相互にやり取りをして，学びを深める集団学習が行われてきたが，ICTによって，これをネットワーク上で成立させることができる。さらに，この学びを契機として，インターネットコミュニティが形成され，ほかの活動に結びつくことも考えられよう。

第三に，学ぶ人がICTに接するとは限らないが，学びを支援するしくみを準備するために，ICTが用いられていることが考えられる。たとえば，学級・講座を開催する際に，講師とのやりとりや，資料の作成のために，ICTが使われているであろう。

（3）ICTを使った学びの特性

ここまでに，ICTと学びの関係を3つに整理して捉えたが，そのうち，新たな学びとして着目されてきたのは，ICTを使った学びであろう。人々は，学びにおいて，さまざまなメディアを用いてきた。メディアは，人の行動を規定する側面がある。したがって，新たなメディアが登場すれば，新たな学びの様相がみられるようになる。

ICTを用いた主なメディアは，ネットワークメディアであると理解できる。ネットワークメディアの特性は，旧来のメディアと比較して，次のように指摘されてきた[3)]。すなわち，①空間的，時間的制約がきわめて小さいこと，②伝達できる情報の形式が多様であること，③一方向／双方向，同期／非同期，送信先の多寡を調整できること，④受信者が表示をある程度変更できることである。

以上の特性を学びという点から捉えれば，①から，通信ができれば，いつでも，どこでも，コンテンツを受発信することができる。たとえば，ICT を活用すれば，離れた地域の講座に参加することはむずかしくない。②から，文字，音声，画像（静止画，動画）を自由に組み合わせて受発信することができる。表示されている文字を音声で再生したり，文字をクリックすることで画像や動画を表示したりして学ぶことも可能である。③から，各自の事情に応じて，学習情報のやり取りを調整できる。たとえば，同じ情報を特定の個人にも不特定多数にも送ることができる。④から，文字の大きさや色，再生速度などを変えることができる。これによって，一般的な表示では文字が見えにくかったり，音声が聞き取りにくかったりする人も，学ぶことができる可能性がある。

ここまでに，ICT と学びの関係や，ICT を活用した学びの特性について確認してきた。ICT は，学びの効果やアクセシビリティを高め，多様な学びを実現する可能性を有しているといえる。しかし，実際には，生涯学習・社会教育において，積極的に，学びと ICT が結びつけられているかどうかが問題となる。そこで，次に生涯学習・社会教育における ICT と学びの動向を捉えておく。

2 ICT 社会における学びの推移

（1）人々は ICT について学んでいるか

実際に，人々が ICT について学んだり，ICT を活用した学びの機会が提供されていたりするかどうかを把握するには，全国的な調査が手がかりとなる。内閣府では，毎年，世論調査が行われているが，調査のテーマとして，生涯学習が扱われることがある。

2022年に調査が行われた「生涯学習に関する世論調査」[4] では，人々の生涯学習に関する経験や考えが調査されているが，調査内容として，ICT に関わる事項が含まれている。この調査によれば，まず，「あなたは，この１年くらいの間に，月に１日以上どのようなことを学習しましたか」という質問に対して，20.4％の人が「インターネットの知識・技能に関すること」を学習したという。また，「あなたは，これから学習するとした場合，どのようなことを学習したいと思いますか」という質問に対しては，35.2％の人が「インターネットの知識・技能に関すること」を選んでいる。この質問で学習したいことがあるとした人に対しては，「あなたは，これから学習するとした場合，どのような場所や形態で学習したいと思いますか」という質問が設けられており，58.7％の人が「インターネット」をあげており，これが最も多い回答となっている。

調査項目に異同がみられるため，過去の調査と厳密に比較することはむずかしい。しかし，以上の結果からは，ICT に関する学びへの要求は絶えずあり，実際に学びが行われてきたこと，ICT は学びのための手段として期待されていることが読み取れよう。

（２）ICT に関する学習機会が提供されているか

社会教育における ICT と学びを概観するためには，社会教育調査を参照することが有用である。この調査は，文部科学省がおおむね３年に一度実施してきた。

社会教育調査では，行政が提供する学習機会として，教育委員会，首長部局，公民館などが提供する学級・講座が調査されてきた。そして，このなかで2005年度以降，学級・講座の内容が細分化されて提示されるようになった。ここでは，ICT に関する事項として，「趣味・けいこごと」に分類されている「パソコン・IT」「職業知識・技術の向上」に分類されている「コンピュータ・情報処理技術」および「メディアリテラシー」（2018年度からは「情報リテラシー」）がみられる。ここでは，提供する学級・講座数が最も多い公民館（以下，公民館類似施設を含む）を例として取り上げる。

調査結果からは，まず，「趣味・けいこごと」として，「パソコン・IT」に関する学級・講座が，行政によって提供されてきたことがわかる。たとえば，2008年には，「パソコン・IT」は1万6800件実施されている。これは「趣味・けいこごと」として開催された件数の7.9％を占めている。ただし，開催件数は，2015年には1万2420件，2021年には4789件と急激に開催件数が減っている。もちろんこの背景には，公民館数と全体の学級・講座数の減少があると捉えられるが，ICT に関する学習機会が少なくなってきたことは確かである。

開催件数からすれば，「趣味・けいこごと」に比べて，「職業知識・技術の向上」は少ない。たとえば，2008年では「コンピュータ・情報処理技術」は2278件，「メディアリテラシー」は45件である。しかし，それらが，「コンピュータ・情報処理技術」に占める割合は大きいといえる。具体的には，2008年の「コンピュータ・情報処理技術」は，「職業知識・技術の向上」として開催された件数の71.3％を占めている。

また，「メディアリテラシー」に関する学級・講座の開催数は，全体からすればきわめて少ないが，2015年には47件，2021年には125件となっており，漸増傾向がみられる。メディア・リテラシー，情報リテラシーについては後述するが，情報やメディアを活用する能力が着目されてきていることを読み取れよう。

（3）ICT を使った情報提供がなされているか

社会教育行政では，ICT に関する学びの機会を提供するだけでなく，ICT を活用して学習情報を提供している。そこで，社会教育調査をもとに，社会教育行政において行われている情報提供の方法のうち，伝統的な方法の1つと捉えられる「公共広報誌」と，ICT を活用したものと捉えられる「情報ネットワーク」の実施状況を取り上げる。この調査項目から，案内情報の提供における ICT の活用を把握することができる。ここでは，代表的な社会教育施設と考えられる公民館，図書館，博物館（以下，博物館類似施設を含む）に着目する。

社会教育調査において，情報提供に関する項目が調査されるようになったのは，1990年度からである。当初から「電算化データベースの利用」として，コンピュータを用いることが想定されていた。1996年度に「データベースの利用」，1999年度に「情報システムネットワーク」，2015年度に「情報ネットワーク」と変更されている。

実施した割合をみると，まず，いずれの機関においても，「情報ネットワーク」の増加が読み取れる。たとえば，1990年には，公民館の1.5％（235館），図書館の15.3％（275館），博物館の3.0％（63館）が情報ネットワークを活用していた。しかし，2021年には，公民館が55.8％（5222館），図書館が97.0％（3206館），博物館が92.3％（4594館）まで増加している。情報提供の主体に着目すると，図書館や博物館が多く導入していることがわかる。いっぽう，公民館は，「情報ネットワーク」の活用が進んでいないとみられる。

また，「情報ネットワーク」が増加するなかで，併せて，「公共広報誌」も用いられつづけていることもわかる。1990年には，公民館の56.3％（8697館），図書館の87.1％（1570館），博物館の62.6％（1331館）で「公共広報誌」が用いられていた。そして，2021年では，公民館が64.5％（6035館），図書館が94.6％（3127館），博物館が71.1％（3537館）となっており，むしろますます「公共広報誌」が活用されてきているといってよい。すなわち，デジタルな情報提供がアナログな情報提供を代替するものとはされていないということである。

（4）ICT 機器を使って学ぶ環境が整備されているか

社会教育調査では，図書館については1987年度から，ほかの施設については2002年度から，コンピュータの整備状況が調査されるようになった。そこで，その結果を確認する。

まず，いずれの施設においても，コンピュータを整備している割合は増加している。たとえば，2005年では，公民館の54.2％（9850館），図書館の94.8％（2825館），博物館の62.5％（3508館）でコンピュータが整備されている。そして，2021年では，公民館は57.8％（7971館），図書館は98.9％（3357館），博物館は71.4％（4120館）に増加している。このことから，社会教育施設においても，徐々に機器が整備されてきたことがうかがえる。しかし，公民館や博物館では，いまだに業務にコンピュータを使用できない状況もあることもわかる。いっぽう，図書館は情報機器があることが一般的になっており，また，利用者用のコンピュータも整備され，2005年では86.8％（2585館），2021年では93.3％（3165館）で，ICT を活用した学びを保障する場となっているといえる。

なお，ICT の活用が推進されながらも，公民館や博物館では，利用者用のコンピュータは，減少していることがわかる。2005年では，公民館の32.7％（5952館），博物館の24.9％（1396館）に利用者用のコンピュータがあったのに対し，2021年では，公民館が12.4％（1710館），博物館が16.2％（933館）となっている。図書館と異なり，公民館や博物館においては，利用者が施設の端末を必要とするとは限らないかもしれない。しかし，整備が進まないことは，コンピュータを用いた学級・講座を展開することが困難となる可能性がある。

以上から，生涯学習・社会教育においても，ICT に関する学びや ICT を活用した学びの機会が提供されてきたことがわかる。しかし，ICT 機器が十分に普及しているとはいえないことや，必ずしもデジタルな情報提供がアナログな情報提供にとって代わるとはいえない状況もみられる。

3 ICT 社会における学びをめぐる課題

（1）情報格差と情報リテラシー

ここまでに，ICT 社会における学びの推移を確認したが，ICT の活用をめぐっては，さまざまな問題や懸念が生じていることも事実である。そのひとつが，情報格差である。情報格差とは，人々の得られる情報に生じている差をいう。情報格差のうち，デジタル情報に着目して，デジタル・ディバイド（digital divide）という表現が用いられることもある。

学びが保障された社会をめざすならば，誰もが平等に学習情報にアクセスできることが望ましいであろう。しかし，現実には，多くの情報にアクセスできる人と，そうでない人が存在している。

情報格差には，環境的側面と能力的側面がある。前者は，近くに書店や図書館があるか，通信環境が整っているかといった環境の差によるものである。後者は，情報検索をうまくできるか，信頼できる情報を見いだせるかといった能力の差によるものである。

そして，情報格差には，マタイ効果が生じうる。すなわち，情報を多く得られる人々は，得られた情報をもとに，さらに多くの情報を得ることができる。しかし，情報を得られない人々は，いつまでも情報を得られないままである。結果として，情報格差は，拡大していく傾向にある。情報格差を解消するためには，環境を整えるだけでなく，個人の能力を高める機会が設けられる必要があろう。

情報を活用する能力のことを情報リテラシー（information literacy）という。情報リテラシーは，1974年に，情報産業協会の会長であったツルコフスキ（Zurkowski, Paul G.）が，アメリカの図書館情報学に関する国家会議ではじめて用いたとされる。日本の教育政策では，情報リテラシーに相当する表現として，情報活用能力が用いられてきた。また，情報を伝達する媒体に着目して，メディア・リテラシーという概念も用いられてきた。国際的には，両概念が統合され，メディア情報リテラシーとも称されるようになっている。

情報リテラシーは，ICT 機器の操作に矮小化して理解されることがあるが，本来は，必要な情報が何かを認識し，情報を集め，情報を評価し，適切に活用する能力である。したがって，情報検索，情報モラル，情報セキュリティ，著作権などに関わる概念である。

2021年に IT 基本法を廃止して制定されたデジタル社会形成基本法では，第24条に，「デジタル社会の形成に関する施策の策定に当たっては，高度情報通信ネットワークの利用及び情報通信技術を用いた情報の活用に必要な能力における格差が生じないよう，全ての国民が当該能力を向上させることができるようにするための教育及び学習を振興するために必要な措置が講じられなければならない」と規定されている。情報格差の是正のために，情報リテラシーの向上は，ICT の普及に伴って，欠かせないものとして意識されてきたといえよう。

（2）学びを支援するための課題

情報格差を解消するために，情報リテラシーの涵養が重要視されてきていることを述べた。そして，ICT に関する学びや ICT を活用した学びが，生涯学習・社会教育において進められてきたことを，すでに確認した。そこで，最後に，これらの学びを支援するための課題を 3 点あげる。

1 点目は，支援者の問題である。すなわち，ICT に関する学びや，ICT を活用した学びを支援する人は，ICT と学びに関する知識・技術を獲得できているのかということである。たとえば，社会教育における専門的職員として，図書館には司書が，博物館には学芸員が，法的に位置づけられている。2012年に，図書館法施行規則が改正され，司書資格を取得するための科目に「図書館情報技術論」が，同様に，博物館法施行規則も改正され，学芸員資格を取得するための科目に「博物館情報・メディア論」が新設された。また，社会教育主事については，大学における養成課程の科目では，「社会教育特講」のなかで取り扱われうる内容として，「情報化と社会教育」があげられてきた。以上の状況から，学びの支援者として，ICT，情報，メディアといったことに対して，知識・技術を身につけることが欠かせないとみなされているといえる。しかし，これらはいずれも養成における機会であって，情報技術の革新を想定するならば，研修においても，学ぶ機会が提供される必要があろう。

2 点目は，今のところ，ICT がアナログな方法を完全に代替するには至っていないということである。たとえば，今日では，検索エンジンや SNS を活用した情報収集が一般的になっている。しかし，これらは，自分が知りたいと思うことを検索したり，自分が好きなものをフォローしたりすることによって成り立っているため，個人の検索履歴や，同じコンテンツを選択した人の利用データを参考として，その人が好むであろうと推測される情報を提供するように，システムが個人に最適化されていく傾向を有している。すなわち，好きなことについては多くの情報を得られるが，好まないコンテンツ，自分とは反対の意見，普段意識していないことは，知りにくくなる。パリサー（Pariser, E.）は，この現象をフィルターバブルと呼び，予想外のものを発見すること，すなわち，セレンディピティを減少させることにつながると，警鐘を鳴らしている。

これを学習情報の提供から捉えれば，ウェブサイトやSNSを通じて，案内情報を発信することは，多くの人に情報を届けるという点で有用ではあるが，これらの情報を意識的に求めない人には届きにくいことを意味する。広報誌を見て講座の開催を知る，公民館の学級・講座へ参加する，図書館の書架を実際に眺めるといった行為は，思いがけぬ発見や異質な他者との出会いを促すという点で，ICTが普及したとしても，その価値が失われるものではない。

また，図書館や博物館で資料を電子化し，コンテンツとして配信することは，資料の利用可能性を高めることになることから，推進が期待される。しかし，絵画などを想定すればわかるように，アナログな原資料から読み取れることと，電子化されたデータから読み取れることは，必ずしも同じではない場合がある。

3点目は，ICTと学びを結びつけることに対して，不安や抵抗感を抱く人もいるということである。たとえば，ICTを活用した学びは，不安を生じやすいということが経験的に知られている。総務省の「通信利用動向調査」では，インターネットを利用する際の不安について調査をしているが，2022年度の調査結果によれば，インターネットを利用する人の約6割が不安を感じているという。その不安の多くは，情報セキュリティに関するものであった。

また，情報過多，すなわち，情報が多すぎる状況も，適切な情報を判断し，収集できるかという不安を感じさせる。情報を提供する機関である図書館では，利用者のなかに不安を感じる人がみられることが報告されてきたが，ICTによって，多くの情報にアクセスできるようになった現況においては，いつでも「情報不安症」をひき起こしうるといえる。この不安は，情報リテラシーを身につけることで緩和しうるものであると考えられる。

そのほか，ICTによって，学習の履歴が管理されることも，不安や抵抗感につながる可能性がある。何を学んだかを記録し，履歴を残すことは，学びを振り返ったり，学びを証明したりすることを容易にする。その方法として，たとえば，2016年の中央教育審議会答申「個人の能力と可能性を開花させ，全員参加による課題解決社会を実現するための教育の多様化と質保証の在り方について」では，ICT を活用した「生涯学習プラットフォーム」を構築し，人々に学習情報をしたり，学びを記録したりする機能をもたせることが提案されていた。しかし，学んだ人が意図しない形で，学びの記録が残されたり，学んだ人に関する情報が流出したりする可能性も考えなければならない。ICT を活用することによって，意識的にも，無意識的にも，履歴が残りやすくなったといえる。学びの履歴は，学ぶ人自身がコントロールできることが望ましいものである。

ここまでにみてきたとおり，ICT は，学びを多様にする可能性を有しているが，必ずしも万能なものではない。ICT 社会とは，ICT について学ぶ，あるいは，ICT を用いて学ぶことが避けられなかったり，学ばないことで不利益を被ったりする社会であるかもしれない。すべてに ICT を導入すればよいわけではなく，また，ICT を排除すればよいわけでもない。ICT について学ぶ機会が保障されること，学びの手段の選択肢として ICT が活用できることが望ましいであろう。

［仲村拓真］

【注】

1）情報技術を意味する用語として，IT（Information Technology）が使われてきたが，現在では，情報技術によるネットワークやコミュニケーションに重きがおかれ，とりわけ，教育の領域では，ICT が一般的となってきている。

2）総務省が毎年実施している「通信利用動向調査」によれば，2022年度は，携帯電話やスマートフォンを有している世帯は97.5%，パソコンを有している世帯は69.0%であった。この調査は，抽出調査であり，全国4万592世帯に対し，郵送またはインターネットによって調査し，その回収率は40.4%であった。

3）本章でいうメディアとは，新聞やテレビなどのマスメディアに限らず，情報を伝達しうる媒介を広くさす用語として用いている。

4）この調査は，抽出調査であり，全国18歳以上の日本国籍を有する者3000人に対して，郵送またはインターネットを用いて調査し，51.9%の回収率であった。

第7章 コミュニティが変容する社会における人々の学び

1 コミュニティとは何か

本章では人々が身をおき，関わるコミュニティがリアルなものからバーチャルなものにまで変化あるいは拡張し，それらが絡み合っていく過程をまずは概観する。そしてそれらのコミュニティにおける学びの内実とそれを支えるしくみについて考察し，「コミュニティ」と私たちの関わりについて，今後の可能性と課題とを確認していきたい。

まずは，この章のキーワードであるコミュニティ（community）について整理をしておこう。ひとまず古典的な定義としては，社会学者のマッキーヴァー（MacIver, R.）によるものがよく知られる。マッキーヴァーはコミュニティを風習，伝統，言葉づかいなどの共通の諸特徴をもつ共同生活の領域をさすものとし，「村とか町，あるいは地方や国とかもっと広い範囲」をその具体的な範域として示した[1)]。

つまり，ここでのコミュニティとは，地図上におおよそその範域を示すことができるものであり，その存在を日常的，あるいは行政的・施策的にも体感・意識できる（させられる）ものである。なお現在，その場合は，「地域コミュニティ」としたときはもちろん，「地域」を冠せずとも，明らかに学区や自治会などをさして用いられることが多く，マッキーヴァーが示した範域よりかなり限定されたものとなっている。

現在における日本での「コミュニティ」の用法を概観すると，そこには帰属感・連帯・相互扶助という意味合いが共通してある。ただ，近年の用法をみると，マッキーヴァー以来，コミュニティ成立の前提であった「地縁性」について必ずしも言及されなくなっている。つまり，現在のコミュニティには，必ずしも具体的・特定の場所や空間において成り立つものでもないという認識がある。そこには後述するように，コミュニティを従来型の具体的な空間において成り立つ「地縁型コミュニティ」と目的・機能を共有する人々によって構成される市民組織を前提とした「テーマ型コミュニティ」とに大きく分けて捉える視点があるゆえである。また，地縁型コミュニティも高度経済成長期以後は主に都市型コミュニティと農村型コミュニティとに区分されてとらえられてきた経緯がある。

さらに，インターネットの一般への普及状況もふまえ，2000年代初頭には，地縁型コミュニティ・テーマ型コミュニティに加え，「電子型コミュニティ」がそれらと並列に位置づけられるに至った。なお，「電子型コミュニティ」はインターネットの一般への普及が始まった1990年代半ば以降，とくに2000年代からすでに「インターネットコミュニティ」，さらには略されて「ネットコミュニティ」と称されるようになっている。

以下，本章ではこれら「地縁型」「テーマ型」「インターネット」の３コミュニティを取り上げるが，従前の社会教育や生涯学習での「学び」が地縁型コミュニティとそこにおける機関・施設の利用や支援活動を前提に論じられ，実践がなされてきた経緯があるため，自ずから「地縁型」コミュニティを中心に以下記述することになる。

それではまず，日本における地縁型コミュニティの成立と展開および現状について整理する。

2 近現代における地縁型コミュニティの変容

（1）近現代日本における地縁型コミュニティの成立

日本の社会科学，なかでも経済史や（農村）社会学では戦前よりその地縁型コミュニティ，とくに農村型コミュニティに相当する村落やそれを構成する集落を「農村共同体」や「村落共同体」と呼び，重要な研究対象としてきた。村落は主に近世の藩政村を直接的なルーツとした，現在の大字などの範囲である。近代になっての町村制施行（1899年）による地方自治制度の確立により，近代の地方自治体にそのまま移行することやその一部を構成することが多く，現在も小学校区や公民館の設置域と一致していることが多い。

さらに，第二次世界大戦前からは近世以来の流れをもつ集落をもととした部落会や市街地における町内会の設置が推進された。戦後，占領下の1947年には部落・町内会は一度廃止されたが，1952年のサンフランシスコ平和条約発効による主権回復後，それらは公に復活し，自治会・町内会とその下にある班や組が存在する。

（2）「コミュニティ」への施策的着目（1970年代～）

なお，上記の地縁型コミュニティ，とくに農村型コミュニティについては，昭和の自治体大合併以後は，合併した旧自治体の範域を「～地区」と呼ぶことが公的にも行われ，平成の合併に際しても同様の対応がなされてきた。それらの旧自治体範囲などの地縁型，とくに農村型コミュニティを「コミュニティ」という外来語で表現し施策用語としても用いるようになったのが，主に1970年代以降となる。その発端として知られるのが，1969年に国民生活審議会コミュニティ問題小委員会によって発表された報告書「コミュニティ―生活の場における人間性の回復―」である。同小委員会は都市地理学，都市社会学，地方自治，地方経済学らを専門とする研究者によって構成されており，当時はとくに農村型コミュニティとの関わりが深かった社会教育研究者はそのなかにはみられなかった。

時代状況からも都市への人口集中とそれによる新たな「コミュニティ」生成の必要性，さらに，とくに地方における行政負担の軽減と伴っての自立的な地域経営を求める，自治省から総務省へと連綿とつながる地域コミュニティ施策の基本的姿勢がこの時点で示されていた。

それゆえ，上記報告におけるコミュニティとは，「生活の場において，市民としての自主性と責任を自覚した個人および家庭を構成主体として，地域性と各種の共通目標をもった，開放的でしかも構成員相互に信頼感のある集団」であり，「近代市民社会において発生する各種機能集団のすべてが含まれるのではなく，そのうちで生活の場に立脚する集団に着目するもの」であり，かつ「従来の古い地域共同体とは異なり，住民の自主性と責任制にもとづいて，多様化する各種の住民要求と創意を実現する集団」であるとされた[2)]。ここでのコミュニティは，従前の農村型コミュニティとはその性格を異とするものであること，さらにいえば，住民の流動性が強く，農村型のそれと比べ共同体的結合が弱い都市型コミュニティの構築，地方における地域コミュニティの再編を課題としていたことがわかる。

これ以降のコミュニティ施策は，主に地方自治体や学区単位におけるコミュニティづくりに際して，住民の参画や主体的運営をうたいその自立化を求めるものであり，モデル地区を選定してその振興を行っていく（1970～1990年代）。この点は後述するように，現在の人口減少社会において取り組まれる，住民が地域の暮らしを守るために自ら行動する地域運営組織（RMO：Region Management Organization）による地域経営・地域づくりの取組と同様の志向，あるいは先駆的な方向性を示していたといえる。

しかし，社会教育研究では1970年代半ば以降，これらの施策を官製的コミュニティ施策として批判的に位置づけることが多かった。そこではコミュニティづくりの進め方を近代社会教育における教化的な色合いと共通するとして批判する視点，さらには公民館をコミュニティセンター化して首長部局が所管する動き，ひいては教育委員会が所管していた従前の社会教育行政の役割をも首長部局が統合化したうえでコミュニティづくりを包括的に進めるあり方に，教育の独立性への不安，教育の視点や住民の学習権保障の観点が欠けてしまうことへの懸念が強く示されていたのであった。このため，社会教育研究ではこの時期に設定されたモデル・コミュニティについての言及は限られてきたといえる。しかし，後述するような，現在の地縁型コミュニティの再生や活力化の方策の検討とも関わって，長期的および多様な視点でそれらの意義や成果・課題を再検討すべきと思われる。

（3）地縁型コミュニティの現在

戦後，長く社会科学の前提となった社会主義理論（とそれに基づく思想的・学術的潮流）において，村落共同体は封建遺制と批判され，その解体による個の自立，いわば主体形成こそが市民社会のありようとして位置づけられてきた。村落共同体が近世から現代まで，徴税の単位や行政の末端機構として位置づけられ，戦時期には総力戦体制を支えた経緯，戦後に至っても農協組織や自治組織の構成単位としてその役割が担わされてきたことは従前から指摘されるものである。そしてかねてより，地域運営や地域政治における保守的・非民主的な意志決定のありようへの批判や，インフラ維持のための共同作業などの煩《わずら》わしさが示されてきたことからも，地縁型コミュニティを批判・忌避し離れる人々が増えることは必然であった。

しかし，その流れが大きく転換したのは，1995年の阪神淡路大震災，そしてとくに2011年の東日本大震災を経てからである。社会関係資本（ソーシャル・キャピタル）論と結びつくかたちで，互助・互酬性が発揮される地域社会での「絆」や日常的なつながりの重要性が広く実感を伴って認識されたのである。ここから地縁型コミュニティの再評価が始まったものの，10年の時を経て，その高揚は落ち着いてきている。

それというのも，加速度的に進む少子高齢化・人口減少のなかにおいて，地縁型コミュニティ維持に関わる既存のしくみをそのまま継続することはそもそもむずかしくなっているのである。1990年代には集落の構成員が減少もしくは高齢化などで集落を維持する共同作業や互助機能，インフラの維持ができなくなる「限界集落」への着目が始まり，それは2010年代には「消滅可能性都市」3) のように，地方自治体の消滅まで危惧される状況に至っている。

3 テーマ型コミュニティとネット空間におけるコミュニティの展開

（1）ボランティア・非営利活動への着目

1995年に発生した阪神淡路大震災では，行政や公的機関が機能不全となったときに，全国から集まった多くのボランティアの活動が救援活動や復興に際して十二分に機能した。これらのボランティア活動への関心の高まりを背景とし，1998年には非営利活動を行う団体への法人格付与を簡便化する「特定非営利活動促進法（NPO 法）」の制定に至った。

NPO法制定のころから，NPOに代表される，地縁集団でなく，あくまでも共通した使命（ミッション）を共有する同志集団による非営利活動組織をテーマ型コミュニティとして呼ぶようになる。なお，このテーマ型コミュニティの拡大は，後述するように，1990年代半ば以降に顕著となるインターネットコミュニティの発展・展開と軌を一にしているところがある。後者の展開により，遠隔地間での情報共有・発信および双方向的なコミュニケーションが容易になったことが，前者を発展・展開させたのである。

（2）ネット空間におけるコミュニティの展開と現在

日本におけるインターネットコミュニティは1990年代前半からその姿をみせはじめるが，1990年代半ばからのプロバイダサービスによるインターネットの一般的普及により急激な広がりをみせる。

2000年代半ばからは，インターネット上で友だちのリストをつくり交流できるSNS（ソーシャル・ネットワーキング・システム）が発明され，急速に成長を遂げた。さらに，2000年代後半からのスマートフォン（スマホ）の普及と以降のwifi《ワイファイ》環境の整備はインターネットへのアクセスを容易にし，以後，Twitter《ツイッター》（現在はX《エックス》）が流行しはじめ，さらにスマホから個別にメッセージをやりとりできるLINE《ライン》，Instagram《インスタグラム》などのサービスが一般的に用いられるようになってきた。

初期のインターネットコミュニティは匿名的でインターネット内で完結するものであり，リアル社会とは断絶した「インターネット完結型」のコミュニティが一般的であった。それがSNSの普及，スマホの登場でインターネットに接続する人や時間が圧倒的に増えることによって，Facebook《フェースブック》に代表されるように，よりリアル社会とつながりをもった「リアル社会接続型」コミュニティが主となりはじめた。

さらに，対面型のコミュニティが機能しない事態が生じた。2020年からの新型コロナウイルス禍による対面接触の制限や仕事のオンライン化に半強制的な実施がその契機となった。そこではZoom《ズーム》など操作が簡単でかつ，資料や動画の提示や共有までが容易にできるビデオ会議システムの普及が，リアルなコミュニティのオンライン化，リアルでは本来形成しがたい，遠距離，もっといえばグローバルな拡がりをもつコミュニティの形成をも容易とさせている。

移動時間や交通費などを心配せず，さまざまなコミュニティでのイベントやワークショップ，意見交換会などに容易に参加できるツールの普及は，オンラインを基軸とする学習のしくみだけではなく，後述するソーシャル系大学のように，新たな対面型の学習コミュニティの展開可能性を広げる。

4 コミュニティにおける学びの特徴と展開

（1）地縁型コミュニティでの学び

① 公民館の設置

これまで整理してきた地縁型コミュニティでは，戦後，町や村ごと，のちに昭和の合併後には学区となる範域に設置された公民館を基盤に学習が組織化・展開されてきた。改めて戦後の公民館の設立とその展開過程を確認する。

戦後初期の地方自治体の社会教育の拠点として，社会教育法制定以前にその設置が各自治体において求められたのが，公民館であった。戦後初期に構想された公民館は1946年の文部次官通牒「公民館の設置について」において，昭和の合併前の町村（当時の市はまだ少なく，上述のように当時の町村は現在の小学校区・中学校区程度である）に設置されることが求められたが，通牒《つうちょう》の起草者である寺中作雄（当時，文部省社会教育課長）による『公民館の建設』（1946，29頁）においては，「要するに公民館は社会教育，社交娯楽，自治振興，産業振興，青年養成の目的を綜合して成立する郷土振興の中核機関である」とされた。これらを「初期公民館構想」と呼ぶが，このように，初期の公民館とは，総合的・包括的な地域教育センター／地域振興センターであったといえる。

実際，戦後初期から高度経済成長にかけての公民館では，住民が直面する「生活課題」の解決に向けた「自助」「共助」のための学習が各地で取り組まれた。そこでは対話を通して合意形成をはかり，種々の課題解決を試み，また振り返っていく，いまでいう対話型ワークショップを行い，「PDCA サイクル」

を実施していくことが行われた。そしてそこには主事をはじめとした職員が「伴走」した。もちろん，この初期公民館での実践の背景には，戦後の国や行政のサポート不足を補うべく，住民が主体的に活動せざるをえなかった面もある。いわば，地縁型，さらにいえば農村型コミュニティの形成・維持のための学習が展開したのであった。

② 都市型公民館の展開とその後

そして高度経済成長以後，とみに都市部への人口移動が進む。それに応じて大都市郊外にはベッドタウンとしての新たな都市型コミュニティが形成されていく。幼稚園や保育園が，そして小学校・中学校がまず整備され，次第に公民館などのコミュニティ施設が整備されていく。

農村型コミュニティと比べ，都市型コミュニティは住民の流動性が強く，定住しても新規居住者が多くなるため，農村型のそれと比べ共同体的結合が弱い。そして人口増加が続くなか，多様な学歴・職種の人々，新中間層の蓄積による主婦層のニーズの高まりにも対応し，同時に多様な学習欲求に応えるため，とくに1970年代以降，都市型コミュニティでは大規模な施設と多様な設備をもった公民館の整備が始まっていく。青年団や勤労青年サークル，婦人会などの社会教育関係団体の活動拠点としての機能はもちろん，主婦や高齢者を対象とした，多様な趣味・教養に関わる教室・講座やそこから自立化したサークル活動，より高度な内容を実践的にも学ぶ市民大学などの講座が設定され，多くの利用者を受け入れていった。そして多様な生活課題と正対する，住民運動の学習拠点としても位置づいていった。また，1980年代半ば以降の生涯学習振興施策の進展のなか，多様な趣味教養に関わる教室・講座が増加していった。

この状況は，農村型コミュニティの形成・維持のための学習が展開した初期公民館と比べ，より個人・個に応じた学習が展開していったといえる。そして現在，SDGsにも対応した，さまざまな学習の組織化と支援が積極的に行われている。

施設の大型化と設備の充実，教室講座の充実は地方にも波及し，地方振興策としての公共事業の増加とも相まって，公民館や公共ホール，図書館・博物館などの社会教育施設の整備も進んだ。その一方，上記のように1970年代からは首長部局が所管するコミュニティセンターの設置や公民館のコミュニティセンターへの転換が同時に始まっていく。

文部省（文部科学省）による社会教育調査によると，公民館数の設置数は1999年の１万9063館をピークとし，以後は減少傾向を強めている。最新の2021年調査結果をみると，１万3798館と最盛期から約28％の減少となっている。これは公民館がコミュニティセンターなどとして所管が首長部局に移管され，社会教育施設としてカウントされなくなったことに多くは由来する。

なお，コミュニティセンター化には，地方分権と行財政改革の進展に伴う行政のスリム化志向に加え，社会教育法第23条による公民館の制限・禁止事項（営利的事業の制限，政治的中立性，宗教的中立性）が，公民館を地域コミュニティ振興の中核施設として位置づける際に支障となるとみなされていることが背景としてある。そしてその過程では，社会教育法第23条規程が地域づくりの支障となる懸念があげられることが多い。

このように現在，社会教育機関（施設）としての公民館を拠点とし，公民館主事が指導的立場を担うという行政社会教育主導の地域コミュニティにおける学びの理想像は，公民館のコミュティセンター化や職員の非正規化，民間の地域運営組織が指定管理者となって自立的に公民館やコミュニティセンターを運営していく傾向が進むなか，やや実態から離れつつある[4)]。

③ 地域づくりにおける学習／学習としての地域づくり

前述の戦後初期公民館のありようは，現在の公民館やコミュニティセンターの運営を地域運営組織（RMO）が指定管理者として担い，独自に地域振興計画を立案しつつ地域経営に乗り出している姿と重なる[5)]。この現在展開する，自立的な地域経営の活性化は，戦後初期から高度経済成長期に至る間と同様，地域が経済的にも行政に頼れぬ面が強まっていることも大きい。このときに私たちが社会教育の取組として強く意識すべきは，上記のような地域づくり・地域自立化に向けた住民主体による営みであろう。これが地方における地縁型コミュニティの解体・弱体化に際して，その紐帯を再生させる契機としてあげられる。この際にその拠点が社会教育施設（機関）である公民館であるか，その枠を外れたコミュニティセンターかという点の是非のみで議論を終えてはならない。そこに対話と合意形成・PDCA サイクルを基盤とした「社会教育」的手法があるかが論点になるはずであるし，それなくしては主体的・自立的な地域づくりは進まない。

そして現在展開する，地域社会と学校との協働関係によって「社会に開かれた教育課程」やカリキュラムの豊潤化，カリキュラムマネジメントの実体化・深化をめざす地域学校協働活動においても，公民館やコミュニティセンターを結節点とした取組が確認される。ただ，その際には地域社会におけるさまざまな機関・組織・団体や企業などと学校とをつなぐ地域学校協働活動推進員（地域コーディネーター）の継続的な確保や養成が課題となる。

（2）テーマ型コミュニティにおける学び

NPO 法制定以降，社会教育の領域では，NPO に代表される非営利活動に関わることにおいて，そこに学びが生じることが強調されてきた。運営面からは非営利活動とはいえ，それらの団体を持続的に運営・経営していくために，社会的認知と他分野・他領域との連携や協働を受けるための経営体およびそのスタッフに求められる資質能力の伸張や持続可能性に関わる学びが求められることが経験的にも意識されるようになっていく。

さらに，NPO 活動に関わっていくことから，徐々に組織内の人々との関わり，さらにはサービスを提供し支援する対象となる多様な人々との関わりから，スタッフ自身が学び，自己を振り返り，アイデンティティを再構築していくことも副次的な学びの成果としてあげられよう。

また，そもそも自分たちで必要なサービスをつくりだしていく非営利活動の理念は，戦後の社会教育において重視してきた，住民自らが学びの方法や内容を創造していくという理念（これを「自己教育」と呼ぶ）と通底するものであることが，社会教育の領域で NPO が学習論の観点から注目されてきた理由の１つともいえる。

（3）インターネットを媒介とした学びの展開

インターネットコミュニティはそもそもテーマ型コミュニティがそこに展開していることが多く，共通の趣味や愛好するテーマに関する情報交換や知識・理解の深化がそこでは展開している。

いっぽう，ここで注目したいのは，2000年代前後から展開する，ソーシャル系大学の存在である。SNSやウェブサイトなどのWebツールを活用し，そのコンテンツの周知や受講申し込みや成果共有などを行う。その先駆としてよく知られるのが，シブヤ大学（2006～）[6]である。ソーシャル系大学は実際には対面型の学びを前提とするコミュニティとはなるが，インターネットがあってこそ成立するしくみである。コロナ禍ではオンラインでの実施も行われ，まさにWebツールを用いたリアルコミュニティの強みを示した。ソーシャル系大学の多くはNPO法人が運営主体であり，多くの学習ボランティアによって実際の運営がなされている。その多くは特定の施設や場所をもたず，ものづくりにかかる実費分などを除いては受講料を徴収せず，それだけ学びに至るハードルを下げている。そして地方においても，このソーシャル系大学の系譜につながる学びの創造が始まっていることが確認される。

＊＊＊

本章では，コミュニティの問いが地縁性を前提としたリアルなものから次第にバーチャル，あるいはそれらの両義性をもつものへと展開してきたことを概観した。そして，地縁型コミュニティ，テーマ型コミュニティ，インターネットコミュニティの３種に着目して検討を行ったが，結局のところ，地縁型コミュニティの存在なくしては，テーマ型コミュニティもインターネットコミュニティもその成立基盤や足場を失う。テーマ型コミュニティはそもそも地縁型コミュニティにおける課題と向き合うなかで発展してきた。そしてインターネットコミュニティは地縁型コミュニティを基盤とした日常生活や生業《なりわい》があってこそその経済的裏づけを得る。

とはいえ，私たちはそのようなマクロな視点から，あるいは行政的・統治的視点からの要求や要望に応え，地縁型コミュニティを維持・生成・再編していかねばならないのであろうか。これは統治（ガバナンス）の論理として重要ではあるが，まず順番として，そこに関わるメリットが私たちに対して明確にかつ具体的に示されないといけない。いわば，「私事性」から「公共性」へと至るプロセスを認めることと，さらには生業が確保されるか否かである。

「世のため」「地域のため」からではなく，自分，そして自分たちのために始めたことが，結局は公共性を帯びていく。このことが関わる学習と実践の往還のなかで体感できたとき，人々の能動的・主体的な地域づくりへの関与や地域活性化の営みが進むはずである。そこにさまざまなコミュニティやそれらを生成・連携させるツールが結びついてくる。このように，「私」からコミュニティは始まるともいえるのである。

［安藤耕己］

【注】

1）マッキーヴァー，R.M.（1975：原書1917）『コミュニティ―社会学的研究：社会生活の性質と基本法則に関する一試論』中久郎・松本通晴訳，ミネルヴァ書房，46頁。

2）国民生活審議会調査部会コミュニティ問題小委員会編（1969）『コミュニティ―生活の場における人間性の回復』大蔵省印刷局，２頁。

3）国立社会保障・人口問題研究所の2013年３月の推計に基づき，2010～2040年を比較して若年女性（20～39歳）人口の減少率が50％を超える自治体をさす。増田寛也編著（2014）『地方消滅―東京一局集中が招く人口急減』〈中公新書〉中央公論新社，208頁。

4）その全国的な先駆として位置づけられるのが，山形県川西町吉島地区にある特定非営利活動法人「きらりよしじまネットワーク」（2007年法人格取得）https://www.e-yoshijima.org（2023年５月15日最終閲覧）である。

5）さらには2019年度からの「地方教育行政の組織及び運営に関する法律」の改正により，条例上も社会教育機関のままに公民館・図書館・博物館を首長部局で所管できるようになる（その場合，「特定公民館」「特定図書館」「特定博物館」と称する）など，教育委員会のいわゆる学校教育委員会化（社会教育に関する事務の縮小）と指摘される状況が進んでいる。社会教育関係職員への会計年度任用職員制度の導入も進んでいることにもその専門性の担保に関しての懸念が示されるところである。

6）「シブヤ大学」https://www.shibuya-univ.net/about/（2024年３月１日最終閲覧）。

【参考文献】

井上繁（2002）『共創のコミュニティ―協働型地域づくりのすすめ―』同友館

近藤淳也編著（2015）『ネットコミュニティの設計と力―つながる私たちの時代』角川学芸出版

広井良典（2009）『コミュニティを問いなおす―つながり・都市・日本社会の未来』〈ちくま新書〉筑摩書房

第8章

循環型社会に向けた人々の学び

1 人間と自然との関わりを創り直す社会に向けて

桜の花びらが目の前に舞い落ちてきて，ふと桜の木を見上げるとスズメたちが桜の花を啄《ついば》んでいる。こんな日常の風景が，当たり前でなくなる日が来るかもしれない。このような身近な自然の危機を皆さんが感じることはあるだろうか。レイチェル・カーソンの『沈黙の春』を筆頭に，多くの人々が人間活動のもたらす取り返しのつかない自然破壊に警鐘鳴らしてきた。それから50年ほどが経ち，今，持続可能（sustainable）という言葉をよく耳にする社会になったが，持続可能がさす意味も曖昧なまま，この言葉を使えば社会がよくなると思い込んでいるかのごとくやり過ごしているようにも思える。そうしてやり過ごすなかで，じつは生物の多様性はどんどん減少し，自然資源の枯渇も進んでいることを実感している人は決して多くはあるまい。この章では，そのような事態を好転させるために，人間の社会と環境・自然との関わりはこれからどうあることが望ましいのか，そしてそこに学びがどう展開することが求められているのかについて述べていく。

2 持続可能な開発という考え方が生まれた背景

古くから，私たち人間は環境や自然とうまく折り合いをつけながら暮らしてきたが，度重なる戦争は緑豊かな土地を焦土へと変え，人間を含む多くのいのちが失われた。ようやく戦争が終結し，復興が進むにつれて，今度は急激な産業化に伴う自然資源の枯渇や公害などの問題が明るみになった。そうした気運のなか，環境問題に関する大規模な政府間会合（国連人間環境会議）が1972年にスウェーデンのストックホルムで開催された。このとき採択された人間環境宣言では次のように述べられている。

> 人間は環境の創造物であると同時に，環境の造形者でもある。他方環境は人間の肉体的な生存を支えるとともに，人間に対し知的，道徳的，社会的および精神的な成長のための機会を与えている。（中略）人間環境の両面，すなわち自然のままの環境と人間によってつくられる環境は，ともに人間の福祉と基本的人権—更には生存権そのもの—の享受のために必要不可欠のものである。

このように，環境を守ることは，人間の福祉と基本的人権を享受するために必要不可欠であることが明記されている。すなわち，半世紀前の1970年代には，人間が生きていくうえで大切な環境がこのままでは“unsustainable：持続不可能”であることが国際社会でも指摘されていたのである。

また，このとき，化石燃料を中心とした産業社会が続くことで，地球の気温が2000年までに0.5 ℃上昇することも懸念されはじめていた。1980年には，野生生物の絶滅が問題視され，生物を守ることと人間社会の暮らしが同時に達成される形での“quality of life：生活の質”が取り上げられるようになった。その後，1986年に開催された「環境と開発に関する世界委員会」（通称ブルントラント委員会）の報告書「*Our Common Future*」で，持続可能な開発が以下のように定義された。

> 人類は，将来の世代が自らのニーズを満たす能力を損なうことなく，現在のニーズを満たすことができるよう，開発を持続可能にする能力を持っている。持続可能な開発では，すべての人々の基本的なニーズを満たし，よりよい生活への希求を実現する機会をすべての人に広げることが求められる。貧困が蔓延する世界は，常に生態系やその他の大災害に見舞われる可能性がある。

貧困からの脱却を前提とした持続可能な開発の概念では，２つのコンセプトが重要とされている。１つ目は，将来の人々が現在の私たちと同じくらい豊かな生活を営む権利があり，今日の経済開発が将来世代の発展の可能性を脅かしてはならないという「世代間の公正」と，現在の社会に生きるすべての人が豊かな暮らしを営む権利を有する「世代内の公正」という２つの公正を達成することである。そして，２つ目は，環境には“限界”があるという考え方である。こうした考え方を前提として開発を進めていくのは，誰か。それは，ほかでもなく私たちである。そこで持続可能な開発の主体を育むための「教育」に焦点が当てられることになる。

3 持続可能な開発のための教育（ESD）とSDGs

持続可能な開発の概念は，1992年の環境と開発に関する国際会議（地球サミット）において，環境と開発に関するリオ宣言に継承され，同時に採択されたアジェンダ21を通して，全世界の行動原則として具体化された。2000年に発表された地球憲章では，「すべての人が享受できるフォーマル教育や生涯学習の中に，持続可能な開発に必要な知識，価値観，技術を取り入れよう」という文言が示され，2002年に開催された持続可能な開発のための世界首脳会議（ヨハネスブルグサミット）で，持続可能な開発のための教育（ESD：Education for Sustainable Development）が提唱された。

ユネスコはESDを「すべての人が現在と将来にわたる地球規模の課題に対して建設的かつ創造的に取り組み，より持続可能でレジリエントな社会を実現することを可能にするような教育活動」と定義している。民主的で誰もが参加できる社会制度と，社会や環境への影響を考慮しながら，人権の擁護，平和の構築，異文化理解の推進，健康の増進，自然資源の維持，災害の防止，貧困の削減，企業責任の促進などを通じて，公正で豊かな社会を実現することが持続可能な開発の目的であり，その開発を促進するための教育的アプローチがESDである。したがってESDでは，今日，世界各地で人々が直面しているさまざまな課題に対して，それらの課題を個別にではなく総合的に捉え，課題解決の方策を導き出し，自己や社会の変容のための行動につなげていく主体を育むことになる。日本では2010年代以降，社会教育，環境教育，開発教育，福祉教育・ボランティア学習などさまざまな分野でESDの概念および手法が検討され，国際的な取り決めをいかに国内の教育分野に浸透させるかが課題であった。

こうしたESD推進の文脈とは異なる背景をもちながら，2000年にはミレニアム開発目標（MDGs）が，2015年にはMDGsの後継として持続可能な開発目標（SDGs）が，それぞれ国連で採択された。SDGsは，持続可能な開発の概念を軸に，人間の諸能力の開発に着目する人間開発アプローチに，地球の環境収容力や自然生存権への配慮，多様な担い手の間のパートナーシップを重視する開発アプローチが反映された17個の目標で構成されている。いずれも国際的な目標であり，その目標を達成するための方法については国・地域・個人に委ねる形になっている。

ESD は質の高い教育に不可欠な要素として SDGs に位置づけられるとともに，持続可能な開発を可能にする手段としての ESD という２つの文脈に位置づけられた。2019年に提唱された ESD for 2030では，SDGs を推進する主体づくりとしての ESD として国際的に定義された。ただ，ESD は元来，SDGs で掲げられている2030年をめざした取組としてではなく，もっと長いスパンでの教育運動であったことや，持続可能な開発の概念に即した「課題間の葛藤や矛盾の解消」を軸とした行動変容を促すものであった。そこで本章では，SGDs が出てくる前の ESD の本質に立ち返り，SDGs を推進する主体づくりというより，SD（持続可能な開発）を推進する主体づくりとして，各ゴール（課題）を達成しうる社会やその社会を形成する既存のコミュニティで活動するだけではなく，各ゴールをつなげて同時に達成するようなアイデアやそれを可能にするコミュニティの形成を視野に入れた，つながりを生み出す教育活動として ESD を捉えることとする。

4　持続可能な開発を推進する主体とまちづくり

持続可能な開発を具現化していくときに，私たちの住んでいるまちをどのようにしていくか，という観点は最も身近で取り組みやすい。実際に，先に述べた国際的な流れに沿って，持続可能な開発のまちづくりとしてサスティナブル都市が各地で構想された。1990年代に登場したサスティナブル都市は，1900年代の庭園都市（ガーデンシティ），1970年代のエコロジカル都市の流れをくみ，環境への影響を減らし，より活力のある・人間的・効率的・美しい・自給自足的な，といった要素を含むコンパクトな形態の都市を意味した。

1990年代のアメリカで展開した２つの理念に基づくサスティナブル・コミュ

ニティ運動は，1つは“強いコミュニティ”で，人と人のつながり，わがまちといえるようなまちづくりを通してまちに愛着をもたせることで，アメリカ民主主義の原点の1つであるフレンドシップの確立を図るものとされた。2つは“サスティナビリティ”の追求で，現代文明に対する反省，経済効率に偏った都市づくりに対する反省にたって，半永久的に長続きのするまちをつくろうとするものである。これは自給自足だったころの暮らしに戻るのではなく，現代技術を用いて伝統的な技術も駆使しながら，ハードとソフト両面で現代にふさわしい新しい枠組みをつくろうとする動きである。こうしたまちづくりにおけるアメリカでの“コミュニティ”に対する強い意識は，コミュニティの崩壊が深刻な社会問題として認識されていたこととも関連している。アメリカでモデルとされたまちづくりは，“無理なく永続可能な原則―サスティナビリティの原則―”に基づいたコミュニティづくりを通した都市開発の手法の改革であった。コミュニティを支える諸活動がコミュニティのなかで生み出される，有機的なコミュニティがめざされたのである。

そのころの日本は，高度経済成長期からバブル経済を経て，農村から都市部への人口流入が起こり，農業国から工業国への移行が進んでいた。経済効率一辺倒のまちづくりが進んだ結果，自然と関わりながら暮らしてきたコミュニティの伝統や文化が失われてしまった。そうした反省から，2000年代になると，エコビレッジ運動や，トランジション・タウンが展開されるようになる。エコビレッジ運動が新しいコミュニティを形成して移住するのに対し，トランジション・タウン運動は，化石エネルギーの枯渇と気候変動に対処し持続可能な暮らしを実践するための住民運動である。2010年代になると，地域のエネルギーを有効活用するスマートコミュニティ実証が経済産業省によって進められ，2019年には神奈川県藤沢市にサスティナブル・スマートタウンも生まれた。

持続可能な開発を具現化したまちづくりがうまく進むためには，アメリカでのサスティナブル・コミュニティ運動のような，ハード面のみならずソフト面の充実が必要であり，いうならば，まちづくりの活動を誰が主体になって進めているのかがポイントとなる。まちづくりは，地域づくりともいわれ，地域社会に存在する資源を基礎として，多様な主体が連携・協力して，身近な居住環境を斬新的に改善し，まちの活力と魅力を高め，「生活の質の向上」を実現するための一連の持続的な活動をさす。これは，住民自治と置き換えることもでき，人々が相互の承認関係を基本として，日常生活のさまざまな困難を協働して解決し，生活を安定させようとした互助を基本とした自治のあり方である。

この住民自治が可能になるためには，住民の主体性の発揮はもとより，その主体性を導くための学びが必要となってくる。住民の主体的な学びを促進するためには，学校教育外（つまり社会教育）の学びの拠点づくりが重要になってくる。たとえば，1990年代以降，アジア地域を中心にCLC（Community Learning Centers）事業が展開されるなど，地域の社会教育・生涯学習の拠点づくりが国際的な課題となっていった。国内では，2005年から進められた岡山県岡山市の公民館－CLC事業がそのモデルとされ，中学校区ごとに設置されている公民館を地域のESD拠点と位置づけてESDを推進する取組が進められた。

ここまで，比較的都市部を対象に持続可能な開発を具現化したまちづくりの事例を述べてきたが，農村部は元来サスティナブルな要素をもっていて，都市部の暮らしは農村部の豊かな自然資源に支えられている部分が多い。現在の社会では，新型コロナウイルス（Covid-19）の蔓延により農村部の過疎な暮らしの価値が見直され，現在は都市と農村がそれぞれの個性を活かして地域同士で支え合うネットワークを形成する地域循環共生圏構想のもと「自立・分散型社会」が提案されている。それは，都市部，農村部どちらにおいても，地域資源・物質・人材・資金を循環させている地域が自立・分散して存在し，それらの足りないところを地域間のつながりによって補いあっていく姿である。しかしながら，現在の農村部は，都市部と比較してまだ住民自治の機能が残っているといえども，やや危うい部分もある。そこで都市と農村が支え合いながら，住民自治を通した持続可能な開発を具現化するにはどのような実践や学びが必要なのだろうか。具体的な事例をふまえて考えてみよう。

5 農村における資源循環の事例と多様なプレイヤー

（1）イノシシ・シカをめぐる循環づくり

人間は自然資源なくして生きていくことができないが，そのことを実感しにくい世の中になっている。そこで人々が受ける自然からの恩恵を示す概念として「生態系サービス」という言葉が生まれた。たとえば，無機物では水，大気，土など，有機物では，山菜やハチミツなどの食料がある。いっぽう，イノシシ・シカ・ニホンザル・カラスなどによる農作物被害（獣害）も深刻で，人間の望まない影響を野生動物によってもたらされる「生態系ディスサービス」と呼ばれる事態も発生している。しかしながら，森林で暮らす野生動物たちは，山を耕し，植物の種子や，菌類などを運んでいると想定され，そうした活動によって森林生態系が健康に保たれているとすれば，森林が健康であるからこそ豊かで美しい水が農地にもたらされており，美味しい農作物をいただけるのは野生動物たちのおかげともいえる。そこで「生態系ディスサービス」を「生態系サービス」に転換していく試みが，各地で始まっている。たとえばイノシシ・シカの「ジビエ」としての利用である。田畑に出てきているイノシシ・シカを捕獲するだけでなく，廃棄されてきた獣肉を活用することで，廃棄物として無価値だったものに価値が付与する流れが生まれた。このように，廃棄されていたものに新たな活用の道筋をつくり，新たな価値を生み出し，地域で生業を成り立たせることができるように経済的な流れをつくることで，農村部と都市部のつながりをうみ，地域の活性化へとつなげることができる。

兵庫県丹波篠山市では，先述したジビエとしてのイノシシ・シカの利用以外に，地域住民，行政，NPO，大学が連携して新たな農村・都市の支え合いをうみだす取組を始めた。その1つが「さく×はた合戦」である。同市では，イノシシ・シカが田畑に出てこないようにするため，2010年ごろから，森林と人が住むエリアの境界に金網の柵（集落柵）を設置する取組が進められている。しかしこの柵は，倒木による柵の倒壊や，ぬかるんだ土の部分などからイノシシ・シカが穴を開けて入ってきてしまうため，定期的な管理が必要である。その作業がこの先地域にとって大きな負担になることを想定し，地域住民が行う集落柵点検作業に地域外の人が参加する枠組みを考案した。そこで，試験的に，集落柵点検作業に地域外の人々が同行し，柵の補修を手伝い，そのお礼として地域の特産品や山菜や農作物などの地域の恵みをいただいたり，地域住民の話を聞かせてもらったりすることができる「さく×はた合戦」を開始したのである。このプログラムは，単に作業負担の軽減につながっただけでなく，地域住民と外部参加者のコミュニケーションを生み出し，人と自然の関係について身近に考える機会をつくった。こうしたトライアルの成果を市内で共有することで，他地域でも地域外の人材を巻き込んで集落柵点検に取り組もうとする動きがうまれている。

（2）柿をめぐる循環づくり

丹波篠山市において，地域住民，行政，NPO，大学が連携して取り組んでいるもう１つのプログラムに，「さる×はた合戦」がある。ニホンザルによる農作物被害に悩まされていた地域で，ニホンザルが柿を食べに人里に出てくる前に，人が先に柿を収穫してしまおうというプログラムである。人海戦術で集落をニホンザルから守る取組であり，たくさんの人の参加がなければ成り立たない。そこで，農作物被害とは関係ない人々や高校生など多くの人が参加したくなるような楽しいイベントにしようと，住民や学生がユーモアに溢れたアイデアを出し合った結果，生まれたプログラムである。柿は，農村で食資源としてストックされてきたが，飽食の時代になると利用されなくなり，野生動物を誘引する「負の資源」となってしまった。市内・市外から毎年100名程度が参加する「さる×はた合戦」は，「負の資源」をきっかけにして，人と自然の関係を身近に考える学びの機会を生み出していくプログラムにもなっていった。「さる×はた合戦」によって，「負の資源」である柿を新たな資源として生まれ変わらせたわけであるが，収穫しすぎた柿が余ることが新たな課題として浮上した。そこで，収穫した柿を柿酢として活用する道を探ることになった。このとき，地元の農業高校が新たな協働主体として現れて，柿酢製造の実験に取り組み，そこからさらに柿ジャムなどのスイーツ開発に展開している。またその過程で発生した柿の皮の残渣をパンに練り込むなど，新たに生まれた課題が，新たな人と人との関係を生み出していったのである。

6　農村の資源循環に埋め込まれた学び

先述した2つの事例において，どのような人々の学びが生まれていたかを整理する。

1つ目の事例では，廃棄されていたイノシシ・シカのジビエとしての活用を通して，肉の加工施設，レストラン，皮加工施設，消費者，ペット飼育者などの主体の参画を促すことができることが確認された。さらに，集落柵の点検補修活動の地域内外住民の協働を通して，集落柵の点検作業に新たな価値が付与された。地域外の参加者からの評価は非常に高く，参加者へのアンケートを通して，どのような学びがあったかを尋ねたところ，集落柵点検作業のなかで「針金を補修する技術」などがあげられていた。実際に，この作業を通して，地域住民の伝統的な知識や技術が，地域コミュニティ内，および地域外の人材に伝播した。

2つ目の「さる×はた合戦」では，柿の収穫イベントを通して，大学生と地域住民，大学院生と高校，高校とスイーツ店といった，多様な主体の連携や協働が生まれた。さらに，こうした広がりを通して，メディアが柿の活用が獣害対策につながることを広く伝えることとなっていった。

「さく×はた合戦」「さる×はた合戦」のいずれにしても，起案当初は「集落柵の点検など魅力的な活動として人が集まるわけがない」とか，「柿なんかを欲しがる人がいるわけがない」といった懸念を地域の人々が抱いているように思えた。そうした先入観を覆すには，地域の課題をなんとか解決したいという，集まってくる多様な主体の熱い思いが必要であった。こうした熱い思いは，企画に共感して集まってくるイベント参加者により増幅され，さらに地域住民から「やってよかった」という声を聞くにつれ，懸念を抱いていた人々の継続意欲へとつながっていった。地域の課題を解決するという事象は，一緒に考えようとする地域住民がいる限り，地域外の人々を誘いこみ，新たなアイデアを生み出す源泉であると考えている。

この，地域住民が地域外の人々と「一緒に考えよう」とするプロセスは，地域住民や地域外の参加者の「やりたい，こうしたい，もっとこうしたらいいんじゃないか」という気持ちが自然に湧いてくる主体性と置き換えることができ，循環型社会の形成を試みるなかで，有機的に発生していった。学びの有機的な発生とは，すでにつくられた計画や枠組みに沿って学びが展開していくのではなく，1つの課題が資源となり，それを解決しようと試行錯誤するなかでいろいろな解に分解されて「実際の行動」へとつながっていくプロセスが，自然に発生する様をさす。「さく×はた合戦」「さる×はた合戦」いずれにおいても，始めてみるとさまざまな課題が発生し，それ対して，地域の人々が「だったらこうしたらええわ」とか，「もっとこうしたらええんちゃう？」といった意見が次々に寄せられ，それゆえに，大きな事故もなくイベントが続けられている。

社会教育・生涯学習で基礎となっている学習者の自立性・自律性とは，新しい事物に出会い，発見し，興味関心を深め，そこからまた次の出会いを求めていくような，旅をするような学習プロセスのことをさす。循環型社会の形成のプロセスを創り出していた主体たちは，みな，活動を通した周囲や社会の反応を受けながら，次の行動を生み出していった。学ばなければならないとされていることが多いこの世の中で，学習者が自らの興味をエネルギーに，自律的に学ぶことができるような舞台が，循環型社会をつくろうとするプロセスに備わっていると考えている。

7 循環型社会の形成をESDとして進めるうえでの課題

冒頭で，ESDとは各ゴール（課題）を達成しうる社会やその社会を形成するコミュニティをつくるだけでなく，各ゴールをつなげて同時に達成するようなアイデアやそれを可能にするコミュニティの形成を視野に入れた教育活動であると述べた。これまであげてきた事例がESDとなっていたかについて，改めて整理をしてみたい。

ESDを地域レベルで進めるためには，活動推進者が，地域に多様に広がる課題について，整合性をもって取り組むことができるよう，さまざまなプログラムを連携させる必要がある。また，地域コミュニティのすべての人々が，持続可能性の主要な課題に積極的に関心をもち，より持続可能な将来を下支えするような価値観や態度を身につける場が求められる。さらに，公的な意思決定プロセスに参画し，コミュニティの責任ある構成員として行動を起こすことで持続可能な開発が具体として現れてくる。また，地域レベルで進められるESDを，国際的・地球規模の課題として拡張する視座も重要になってくる。

今回紹介した1つ目のシカ・イノシシの循環や「さく×はた合戦」の事例から，さまざまなプログラムを連携させることで，資源の循環や，都会と農村を行き交う人の循環が生まれていく様がみてとれた。ただ，プログラムを連携させるためには必ずその仕掛け人が必要である。ESDのプログラムへと発展させていくためには，循環型社会の形成に向けた活動だけでなく，それ以外のテーマで課題解決を試みる活動を発掘し，それらを相互につないでいくことのできる人材が必要となる。2つ目の「さる×はた合戦」の事例では，活動推進者以外にも，収穫可能な柿の木を提供する柿の所有者（住民），自治会長などの取りまとめ役，獣害対策を担当する行政職員，都会からの参加者など，多様な方々の参加があるが，このイベントに関わっているすべての人々が，この取組を持続可能性の課題として認識しているわけではない。こうしたイベントが持続可能な開発のためにどのように役立つかという観点で検討する場があると，多様な参加者が共有できるビジョンをつくりだすこともできるだろう。こうした課題を解決していくことで，2つの事例はESDとしての発展を遂げるだろう。

いっぽう，「さく×はた合戦」「さる×はた合戦」のいずれも，地域の公民館が拠点となっていた。これらの公民館には公民館職員が配置されているわけではなく，コーラスや手芸などの従来の社会教育・生涯学習が粛々《しゅくしゅく》と進められていた。そこへ，現代的課題を軸とした「さる×はた合戦」や「さく×はた合戦」といった地域内外の住民が交差する学びの場が，外部人材により取り入れられたといえる。そういう意味では，丹波篠山市の公民館は，地域外住民を含む多様な人々の集まりや学びの場が自由に生まれうるような場となっているといえる。循環型社会を実現して新たに展開していく自由な学習活動が，地域にあるさまざまな課題を巻き込みながら広がっていく。テーマや学習者の属性などによって分けられている学びの場が，相互に連関して1つの渦になっていくような学びのダイナミズムに着眼し，実践や研究を行っていくことが求められているのではないか。ESD 推進の拠点となってきた岡山市の公民館が公民館職員や行政主導で進められてきたならば，自由な学びを妨げない「ゆるい空間」としての公民館は，農村部と都市部が支え合う住民自治において欠かせないだろう。

8　自然環境との相互作用から生まれる自律的な学びへ

自然とのつながりのなかで循環型社会をつくるというプロセスには，これまで述べてきたように，学習者が自律的に学ぶことを促進する機能がある。なぜならば，一度価値がないとされたもの，または無価値のものに新たな価値を見いだし，出来事と出来事がつながっていく，このプロセスが循環であり，このプロセスにはとても夢があるからである。そのプロセスが自然発生的に生じる社会，つまり有機的な学びの生起は，人間が資源をめぐって「どうありたい・どうしたい」というビジョンに動機づけられる。どの資源をもちたいか，ではなく，資源を使ってどうありたいか・どうしたいか，どんな暮らしをつくりたいか，を問いながら自然資源を有効に活用していく人間社会の形成が，結果的に，豊潤な学びをもたらしてくれるのである。そうした活動を通して，人間社会を自治するだけでなく，自然を含めた人間社会を自治することができる存在へと変わっていくことができる。私たちは水や大気や熱などの自然環境がないと生きていくことができない。同様に，旅をするような自律的な学びがない社会は息が詰まってしまう。人間は自然環境と相互作用しながら，さまざまなレベルの循環を日々つくりだすことができる。そのような暮らしをすべての人が営むような社会がくることで，循環型社会や持続可能な開発が進む社会づくりという課題が，すべての人にとって自分事として捉えられるようになるだろう。

［清野未恵子］

【参考文献】

レイチェル・カーソン（1974）『沈黙の春』青樹簗一訳，新潮社

UNESCO（2020）*Education for Sustainable Development–A roadmap*

UNESCO Institute for Lifelong Learning（2020）*Embracing a culture of lifelong learning–Contribution to the Futures of Education initiative Report* | A transdisciplinary expert consultation

第9章
学校がかかえる課題をめぐる人々の学び

1 学校がかかえる課題—不登校

(1)「権利」として保障された学校教育における長期欠席

意外に思われるかもしれないが，スクール（school）の語源をたどると，ギリシャ語で「余暇」を意味するスコレー（schole）に行き着く。古代ギリシャで学問ができたのは，労働に従事することなく生活に余裕のある貴族であり，かれらが生活の余裕，余暇を利用して教養を身につけたことから，精神活動や自己充実にあてることのできる積極的な意味をもった時間，そしてそれを享受できる場所として「学校」という言葉ができたといわれる。

その後の学校について，誤解を恐れずにかいつまんでいうと，近代の産物とされる学校（制度）は，貴族や上流階級の子どもたちの「特権」であった学校での教育を，すべての子どもに「権利」として保障するものとして発展してきた。戦後のわが国においても，国民の一人ひとりは「教育を受ける権利」を有し，それを保障するために保護者に対して子どもを「就学させる義務」が課されるという位置づけがとられてきた。

ところが，義務教育段階における学校への就学が行きわたって「教育を受ける権利」が損なわれるというケースは少なくなり，逆に保障された学校教育が権利主体である子どもの側から疎ましがられ[1)]，長期欠席者のなかで「学校ぎらい」が目立つようになってきた。そこで，文部省（当時）は1966年から学校基本調査における「理由別長期欠席者数」に「学校ぎらい」という項目を加えて，その実態把握に乗り出した[2)]。それ以後，1970年代半ばから「学校ぎらい」を理由とした長期欠席者が増えていくなかで，心理臨床家や精神科医の研究から「登校拒否」の考え方がもち込まれ，“学校に行かない・行けない子”をさす言葉として使用されていった。さらに，1990年代以降，「登校拒否が特定の子どもだけの問題ではなく，すべての子どもに起こりうる現象としてとらえようという学校現場の動きの中から」「登校拒否」にかわって「不登校」という言葉が積極的に用いられるようになったとされる[3)]。ちなみに，文部科学省の学校基本調査においても，1998年度からは「学校ぎらい」の理由項目を「不登校」に変えている。

（2）不登校の深刻な現状

こうして変更された不登校の児童生徒を，文部科学省は，「何らかの心理的，情緒的，身体的あるいは社会的要因・背景により，登校しないあるいはしたくともできない状況にあるために年間30日以上欠席した者のうち，病気や経済的な理由による者を除いたもの」と定義し，毎年調査を行っている。

「令和３年度児童生徒の問題行動・不登校等生徒指導上の諸課題に関する調査結果について」（文部科学省，2022年）によると，不登校児童生徒数は小学校で８万1498人（1.3％，77人に１人），中学校で16万3442人（5.0％，20人に１人）の合計24万4940人（前年度19万6127人）であり，前年度から４万8813人（24.9％）も増加している（図9.1）。この数字には，病気や経済的理由だけでなく，新型コロナウイルスの感染回避による欠席を含んではいないが，やはりコロナ禍の影響は子どもたちにとって大きく，生活環境の変化により生活リズムが乱れやすい状況や，学校生活においてさまざまな制限があるなかで，登校する意欲が湧きにくい状況下にあったことは否定できない。

しかし，そうした状況を考慮に入れたとしても，不登校児童生徒数が９年連続で増加の一途をたどっているのが，同調査結果が示す厳しい現実なのである（図9.1）。しかも，約55％の不登校児童生徒が90日以上欠席し，長期化の傾向もうかがわれる。このように，データからも深刻な状況がみてとれ，不登校への対応は，学校がかかえる待ったなしの重要課題であることは間違いない。ただし，学校に行けないのは，どうやら子どもたちだけではないようだ。つまり，教員の休職者数も見過ごせない状況になっている。

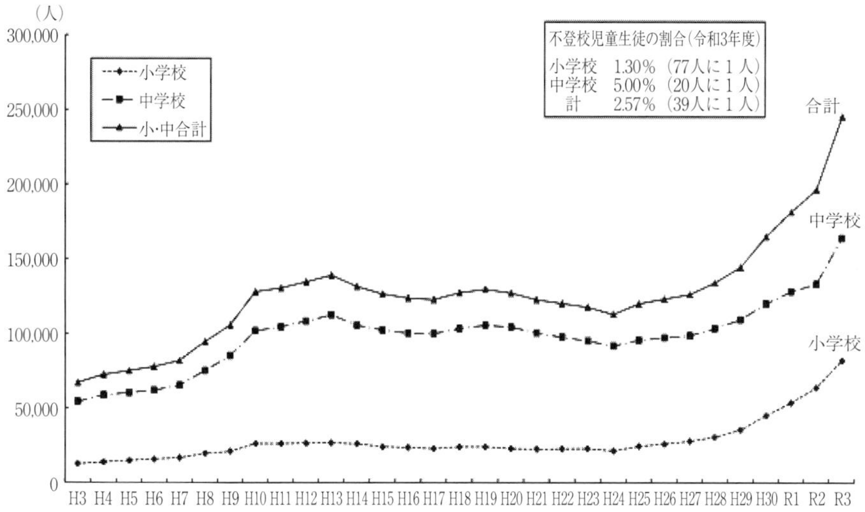

図9.1　不登校児童生徒数の推移

出所：文部科学省（2022）「令和３年度児童生徒の問題行動・不登校等生徒指導上の諸課題に関する調査結果について」

2　学校がかかえる課題―学校における働き方改革

（1）教員の長時間勤務の実態

「令和３年度公立学校教職員の人事行政状況調査について」（文部科学省，2022）によると，教育職員の精神疾患による病気休職者数は，前年度比694人増の5897人（全教育職員数の0.64%）で，過去最多となったことが報告されている。しかも，この数字は休職まで追い込まれてしまった人のみの数であり，年間欠席30日未満の「隠れ不登校」の存在と同じように，なんらかの精神的な不調を感じながらも勤務を続けている教員はこれよりはるかに多いと考えられる。

それでは，教員はどのようなことにストレスを感じているのだろうか。「教職員のメンタルヘルス対策について（最終まとめ）参考資料（２/２）」（文部科学省，2013）をみると，教員の「仕事や職業生活におけるストレス」は，一般企業の労働者よりも６ポイント以上高く，ストレスの内訳は，「仕事の量の問題」が第１位（60.8%），「仕事の質の問題」が第２位（41.3%）を占めている。

とりわけ，教員がストレスの内訳として「仕事の量の問題」をあげる割合は，一般企業の労働者の割合（32.3%）に比べて２倍近くも高く，物理的な仕事量の多さからくるストレスが教員に重くのしかかっているようだ。実際，文部科学省の「教員勤務実態調査（平成28年度）（確定値）」によると，10年前の前回調査に比べて学内勤務時間が増加しており，小学校教諭の33.4%，中学校教諭の57.7%が週60時間以上も勤務していた（公立校教員の勤務時間は週38時間45分と規定）。これらの教員は週20時間以上の時間外労働が常態化しており，月80時間超が目安とされる「過労死ライン」を上回っていることになる。しかも，この調査には自宅に持ち帰って仕事をする時間は含まれていない。

こうした看過できない勤務実態をふまえ，教員のこれまでの働き方を見直す「学校における働き方改革」の推進が，わが国にとって重要かつ緊急を要する課題となっている。ただし，いくら深刻な事態であっても，学校における働き方改革が，業務改善等の工夫を伴わない勤務時間管理の徹底に矮小化されて進められるようでは，周囲からの理解も得られないだろう。それどころか，市場原理を取り入れて自由競争を重んじる「新自由主義」の隆盛を受け，教育を「サービス」と捉える傾向が保護者などを中心にあるなか，勤務時間管理の徹底による機械的な学校における働き方改革では，かえって反発を招くおそれすらある。

（２）“二兎を追う”学校における働き方改革

しかし，学校における働き方改革を中心にした近年の中央教育審議会の政策動向を注視すると，ここまでみてきた不登校問題のように学校がかかえる課題はより複雑化・困難化し，学校の役割は拡大せざるをえない状況であることもふまえた改革となっており，決して「教員の長時間勤務の是正」一辺倒だけではないことに気づかされる。実際，2017年に中央教育審議会「学校における働き方改革特別部会」がとりまとめた「新しい時代の教育に向けた持続可能な学校指導・運営体制の構築のための学校における働き方改革に関する総合的な方策について（中間まとめ）」においても，「勤務時間管理の徹底は，働き方改革の『手段』であって『目的』ではない」と明示している。

このようにみると，学校における働き方改革は，学校の役割が拡大せざるをえない状況にあるなかで，子どものために「学校組織全体の総合力の向上」を図りつつ，他方では「教員の長時間勤務の是正」を図るという，いわば「二兎を追う学校づくり政策」の流れをくむものと捉えることができる[4)]。ただ，この二羽の兎（政策目標）は対立する要素を含んでいるため，同時に捕まえるのは至難の業である。しかも，学校をとりまくステークホルダー（利害関係者）が教育をサービスと捉えて「消費者としての態度」を強めていれば，二兎を追うことすらできない。それどころか，保護者や子どもに「お客様」意識が生じて，生徒指導上の諸課題や保護者との関係，ひいては地域住民との関係においても困難な対応が求められることになる。これでは，先ほどストレスの内訳で上位にあげられた「仕事の質の問題」を解消することができないだろう。

これらを勘案すると，保護者や地域住民が「消費者としての態度」をもっているならば，まずそれを，ともに子どもを育てていくという「協業者としての態度」へと変えることが[5)]，学校における働き方改革を進めるうえで必要となる。そして，志水宏吉の言葉を借りるなら，教育は「『選ぶ』もの」ではなく，学校という場で「たまたま出会った人々が汗を流しながら共同作業を進める」ことを通して「『一緒につくる』もの」なのである[6)]。

まさにかれの言葉どおり，同「中間まとめ」においても，学校における働き方改革のめざすところは，「我が国の教師が児童生徒に対して総合的な指導を担う『日本型学校教育』の良さを維持し」つつ，「教師が心身の健康を損なうことのないよう業務の質的転換を図り，限られた時間の中で，児童生徒に接する時間を十分に確保し，教師の日々の生活の質や教職人生を豊かにすることで，教師の人間性を高め，児童生徒に真に必要な総合的な指導を，持続的に行うことのできる状況を作り出すこと（傍点筆者）」にあるとされる。つまり，学校における働き方改革の真の目的は，「子供たちに対して効果的な教育活動を行うことができるようになること」であり，そうした状況をつくり出せるように，教職員をはじめ，保護者や地域住民等といった学校に関わる大人たちが一緒に考え，ともに学校（教育）を創っていくことが肝要といえる。

その意味では，学校運営協議会のもと，保護者や地域住民等が学校運営に継続的に参画し，力を合わせて学校を創っていくことができる「コミュニティ・スクール」が注目される。

3 コミュニティ・スクールでの学びあいによる学校課題の解決

（1）コミュニティ・スクール（学校運営協議会制度）のしくみ

保護者や地域住民等が一定の権限と責任をもって学校運営に参画し，かれらのニーズを学校運営により一層的確に反映させるしくみとして，2004年に「学校運営協議会制度」が導入された。行政委嘱委員という一個人で学校運営に意見を述べていた学校評議員と違い，学校運営協議会は権限と責任を与えられた合議制の機関であり，その構成員も校長ではなく教育委員会によって任命された非常勤の特別職地方公務員として位置づけられる。さらに，学校運営協議会には，①「校長が作成する学校運営の基本方針を承認すること」，②「学校運営について，教育委員会又は校長に意見を述べることができること」，③「教職員の任用に関して，教育委員会規則で定める事項について，教育委員会に意見を述べることができること」という権限が，「地方教育行政の組織及び運営に関する法律」によって認められている。こうした権限を有する学校運営協議会をおいた学校のことをコミュニティ・スクールと呼んでいる。

当初，学校運営協議会の設置は任意であり，その強い権限への懸念もあって，コミュニティ・スクールは広がりをみせていなかった。しかし，2017年3月，地方教育行政の組織及び運営に関する法律の一部が改正され，学校運営協議会の設置が努力義務化されたことにより，状況は一転する。この改正では，コミュニティ・スクールの基本的なしくみを維持しながらも，学校運営協議会の役割を従来の「学校運営について協議する機関」から「学校運営及び運営への必要な支援に関して協議する機関（傍点筆者）」へと位置づけの明確化などがなされた。つまり，この改正により，教育委員会や学校がこれまで抱いていた不安や懸念を払拭し，より活用しやすいようにコミュニティ・スクールのリノベーションが行われたといえる[7]。

その結果，全国の公立小中学校と義務教育学校におけるコミュニティ・スクールの数も，2009年の475校から，2014年には1919校，そして2019年には6767校へと一気に拡大をみせることになる。さらに，2023年５月現在，その数も１万6131校（導入率58.3%）にまで増加してきている。

（２）学校における働き方改革におけるコミュニティ・スクールの有効性

ただし，ここで気をつけなければならないのは，コミュニティ・スクールを導入しさえすれば，学校がかかえる課題を解決できるわけではないという点である。しかも，ここまでみてきたように学校における働き方改革は，「学校組織全体の総合力の向上」と「教員の長時間勤務の是正」という「二兎を追う学校づくり政策」に位置づき，解決がむずかしい課題でもある。

しかし，二兎を追う難題だからこそ，コミュニティ・スクールというツールを活用し，多様で異質な，つまり教職員とは異なる視点をもった大人たちによる対話と熟議（熟慮と討議）を通した学びあいによって解決していくことが求められるのである。たとえば，次のような事例がある。

ある日，K小学校の学校運営協議会の席上で，「とんど祭り」のことが話題となった。協議を通して学校（教職員）の忙しさを実感した委員たちの間で，とんど祭りが学校行事として行われていることに疑問をもったからである。それを契機に同校では取組の見直しが行われ，学校（教職員），家庭（保護者），地域（地域住民）のそれぞれが担うべき取組と，連携・協働して担うべき取組とを整理して検討することになった。その結果，次年度からとんど祭りは地域の行事として行われるようになり，それをきっかけに学校の負担を軽減するような取組も進み，学校の働き方改革にもつながったのである。地域と学校の協働というと，両者が新たに協働していくことについ目が行ってしまいそうになる。しかし，同校では「これまでの地域学校協働活動の棚卸し」を行ったうえで，学校運営協議会での対話や熟議を通して学校の役割だけでなく，家庭や地域の役割も含めて，つまり学校・家庭・地域の全体的なつながりと相互作用のなかで見直すことで，教職員の勤務負担軽減につながった点が示唆的といえるだろう。

関連して，前述の「中間まとめ（2017年）」をふまえて2019年に出された「新しい時代の教育に向けた持続可能な学校指導・運営体制の構築のための学校における働き方改革に関する総合的な方策について（答申）」でも，「学校及び教師が担う業務の明確化・適正化は，社会に対して学校を閉ざしたり，内容を問わず一律にこれまでの業務を削減したりするものではない」と注意を促している。まさに，K 小学校での取組は学校側による一方的な業務削減によるものではなかった。学校運営協議会での学校に関わる大人たちによる評価・改善活動の「アウトプット（結果）」が地域行事としてのとんど祭りの実施であり，それを契機に同校の「目指す子ども像」を実現するために知恵を出し合って，より効果的な教育活動が展開されたことの「アウトカム（効果・成果）」として，二兎を追う学校における働き方改革が進んだと考えられる。

このようにみると，学校における働き方改革を推進するうえでのコミュニティ・スクール，なかでも学校に関わる大人たちによる学びあいの有効性を確認することができる。しかしいくら有効だからといって，学校側，さらには行政側も，「教員の長時間勤務の是正」のためだけにコミュニティ・スクールを推進したら本末転倒である。同答申が示しているように，教師のこれまでの働き方の見直しを通して，「子供たちに対して効果的な教育活動を行うことができるようになる」ことが学校における働き方改革の真の目的であり，「そのことを常に原点としながら改革を進めていく必要がある」だろう。

4 学校に関わる固定観念の「学びほぐし」と公民館と連携した地域からのアプローチ

（1）鍵を握る大人同士の「学びあいと学びほぐし」

さらに，コミュニティ・スクールは，学校がかかえる不登校問題にも効果を発揮しているようだ。同じく K 小学校では，学校運営協議会で子どもをとりまく課題などについて対話を重ねて学校の実態，困り感を共有し，生徒指導上の課題解決にも取り組んでいる。具体的には，主任児童委員，さらには地域学校協働活動推進員（コーディネーター）も務める学校運営協議会委員が中心となって，スクールソーシャルワーカーや登校支援員とともに家庭訪問をしたり，別室登校の場合には学習支援を行ったりして不登校支援にも積極的に乗り出している。こうした「チームとしての学校」による組織的な対応により，少しずつ学校へ来ることが増えてきたとされる。

こうした支援によって，子どもたちが安心して学校に通えるようになることは喜ばしいことである。ただ，ここで注意が必要なのは，不登校支援の考え方が変わってきている点である。文部科学省によると，不登校を「心の問題」としてのみ捉えるのではなく，広く「進路の問題」として捉え，「社会的に自立すること」をめざす必要があるとしている。つまり，不登校児童生徒への支援は，「学校に登校する」という結果のみを目標とするのではなく，社会的な自立の視点からの支援のあり方が問われてきている。もちろん，学校への復帰をめざした支援を否定するわけではないが，このような不登校支援の変化を理解せず，これまでの学校への適応や学校復帰を強調する考え方のままでは，対応を誤ってしまうおそれもあるだろう。

そうならないためには，学校に関わる大人たちが自身の価値前提にまず疑問を呈し，既存の価値観や知識等が時代遅れになっていたり，妥当性を欠いたものになっている場合には，それを積極的に捨て去り，より妥当性の高い新しいものに置き換える「アンラーニング（unlearning）」という学びが必要とされる[8)]。とくに，不登校支援の考え方の変化のように，これまでの支援のあり方が時代遅れになっていたり，「つらくても学校に毎日行くべきだ」という大人自身が少なからずもっている学校観が妥当性を欠いて障壁となっている場合には，それをアンラーニングしたうえでの支援を考えなければならない。具体的には，児童生徒が自らの進路を主体的に捉え，社会的に自立することをめざして，学校外の教育支援センター（適応指導教室）や民間施設であるフリースクールなど関係機関とも連携した対応も考えていく必要があるだろう。

このアンラーニングについて，哲学者の鶴見俊輔は「学びほぐし」という絶妙な訳をつけている[9)]。かれの言葉を使ってまとめるなら，不登校や学校における働き方改革といった現在の学校がかかえる課題解決の鍵は，コミュニティ・スクールの積極的な活用による，学校に関わる大人同士の「学びあいと学びほぐし」が握っているといえよう。

（2）留意すべき問題点

ここまでみてきたように，学校に関わる大人たちの対話と熟議による学校運営への参画を制度的に保障し，学びあいを通して学校をとりまく課題の解決をめざすコミュニティ・スクールの有効性を認める一方で，留意すべき問題点もある。

まず１つ目として，学校運営協議会委員のみによる学びあいは，どうしても限られたメンバー間となってしまい，そこでの協議を中心にしたトップダウン型の運営では，学校に関わる大人同士の「協働（コラボレーション）」を育みにくいという問題点があげられる。そのため，たとえば，中学校区で小・中学校合同の学校運営協議会を開催したり，学校運営協議会委員だけでなく，教職員や保護者，地域住民等が広く参加する拡大学校運営協議会を取り入れたりするなど，ボトムアップ型の運営の工夫も求められる。

そして，学校に関わる大人の学びに必要とされる学びほぐし，すなわちアンラーニングは，学習者の基礎的な前提に疑問を投げかける周囲の人によって刺激を受けることによって促されるという。つまり，かれらの前提や価値観を揺さぶり変容を促すには，「異質な他者」の存在が欠かせない。もう少しいうと，学校に関わる大人たちそれぞれの「違い」は，学校をとりまく課題の解決を促す原動力と捉えることもできる。その意味でも，学校運営協議会の委員にとどまらない，大人同士の学びあいの機会を質量ともに充実させていくことが重要である。関連して，最近，コミュニティ・スクールなどの企画において子どもも熟議に加えて，大人と一緒に学びあう熟議も増えてきた。こうした取組は，子どもだけでなく，大人自身の学びや学びほぐしを促すうえでも効果が期待される。

2つ目として，持続可能性のある推進（体制）に関わる問題点をあげることができる。コミュニティ・スクールの推進において，学校管理職のビジョンやリーダーシップ，マネジメントが重要であることは間違いない。しかし，“風の人”といわれる教職員，とりわけ管理職の異動により，継続性が失われ，活動が停滞することも起きている。つまり，学校に過度に依存した運営体制にも問題が潜んでいるといえる。そのため，“土の人”である地域住民が，自立して協働の主体となる持続可能な推進体制づくりも重要になってくる。

（3）問題点を乗り越える地域からのアプローチ

これらの問題点を学びによって乗り越えようとしているのが，T小学校の学校運営協議会の取組である[10)]。同校の学校運営協議会委員の多くは学校評議員からの継続であったため，そもそもコミュニティ・スクールの意義やめざす姿を十分に理解できていなかったとされる。そのため，学校と地域，家庭が協働する意義についてともに学び，つながる場づくりが必要と考えた。そこで，同地区の公民館と連携して，公民館の主催講座として協働について学ぶ「学校と地域・保護者の協働研修会」を企画・開催している。研修会には子育て・教育に関心のある保護者や地域住民の参加を呼びかけるだけでなく，地域との協働が負担増になるのではという教職員の不安や心配を払拭することも大事と考え，管理職をはじめとした教職員の参加も積極的に促している。しかも，教職員が参加しやすいように，夏季休業中の平日に設定するなどの配慮も行ったうえで実施している。そのほか,「社会に開かれた教育課程」の実現に向けて，学校の授業と連動した防災に関する公民館講座の企画などにも取り組んでいる。

「社会に開かれた教育課程」の実現をめざした2020年度からの学習指導要領では,「より良い学校教育を通じてより良い社会を創る」という理念を学校と社会が共有し，連携・協働しながら未来の創り手となるために必要な資質・能力を子どもたちに育む必要性を説いている。この理念に従えば，学校がかかえる課題は社会（地域社会）がかかえる課題でもあり，両者はつながっている。

とすれば，その課題解決に向けて，“学校からのアプローチ”を手をこまねいてじっと待つ必要はないだろう。これからは，同地区のように，学校運営協議会委員を中心にした地域住民や保護者等が当事者意識をもって協働の主体となり，いわば“地域からのアプローチ”によって，大人同士の学びあいの機会を企画・開催していくことも大切になってくる。さらに，そうした学びあいを持続的に推進していくには，公民館など社会教育の関係者との連携が有効かつ重要であることはいうまでもない。

［熊谷愼之輔］

【注】

1）佐々木司（2003）「児童・生徒の在学管理と懲戒に関する法規定」田代直人編『生涯学習時代の教育と法規』ミネルヴァ書房，95頁。
2）前島康男（2016）「登校拒否・不登校問題の歴史と理論―学校に行かない・行けない子どもの言説史」『東京電機大学総合文化研究』第14号，23-48頁。なお，文部省による長期欠席児童生徒の調査自体は，1951年から始められている。
3）安彦忠彦他編（2002）『新版 現代学校教育大事典 5』ぎょうせい，552-553頁。
4）藤原文雄編（2019）『「学校における働き方改革」の先進事例と改革モデルの提案』学事出版，16-17頁。
5）「消費者」から「協業者」に態度を変えていくことについては，湯藤定宗（2014）「学校」曽余田浩史編『教師教育講座 第1巻 教職概論』協同出版，131頁を参照のこと。
6）志水宏吉（2008）『公立学校の底力』筑摩書房，19頁。
7）仲田康一（2022）「コミュニティ・スクールと地域学校協働活動の制度と実際」荻野亮吾・丹間康仁編『地域教育経営論―学び続けられる地域社会のデザイン』大学教育出版，44頁。
8）安藤史江（2019）『コア・テキスト 組織学習』新世社，111頁。
9）鶴見俊輔（1990）『教育再定義への試み』岩波書店，94-96頁で，アンラーン（unlearn）を「まなびほぐす」と訳している。
10）塩瀬香織・中江岳（2023）「公民館を中心にした『社会に開かれた教育課程』へのアプローチ」熊谷愼之輔編『岡山発！地域学校協働の実践と協創的教員養成―「社会に開かれた教育課程」の実現に向けて』福村出版，94-100頁。

【参考文献】

伊藤美奈子編（2022）『不登校の理解と支援のためのハンドブック』ミネルヴァ書房
熊谷愼之輔・志々田まなみ・佐々木保孝・天野かおり（2021）『地域学校協働のデザインとマネジメント―コミュニティ・スクールと地域学校協働本部による学びあい・育ちあい』学文社

第10章 生涯学習と社会教育の現在

1 生涯学習と社会教育，それぞれの意義

（1）よい未来をつくっていくために必要な学び

教育は，立身出世や幸福追求といった個人の利益のためになされるものでもあるし，社会の発展や人類の繁栄といった集団の利益のためになされるものでもある。これまで多くの教育政策は，教育によって人々が個人的な利益を得ようとすることで，結果的に集団の利益が生まれる構造をつくりだしてきた。

明治時代に学校教育が始まる際，政府が発した「学制」は，富国強兵のために国民が学校に通って立身出世をめざすことを奨励した。あわせてそれぞれの時代に必要とされた道徳が強調された。教育によって内面化された道徳を指針として合理的な判断を下すことで自己利益を追求していく近代的人間が，それぞれの時代における国家の利益を支えてきた。この論理は，国家の近代化に貢献し，昭和時代の高度経済成長をも支えた。ことさら高度経済成長期には，受験勉強を通して個人の学力を高めていくことが，個人の明るい将来とともに，国家の経済的利益をもたらすと考えられた。

しかし，近代国家を支えた教育の論理は，人間と自然に負の遺産をもたらしていることが指摘されるようになり，転換を迫られるようになった。受験勉強の影響力が大きすぎる教育は，子どもや若者の健康な発達を阻害するばかりでなく，人間を利己的な生き方に閉じ込め，他者や自然からの収奪を加速させかねない。世界は，地球温暖化問題，エネルギー問題，食糧問題，人権問題，経済的格差の問題，人口減少問題など，山ほどの危機的な課題に直面しており，これらの課題の解決こそが集団の利益だとも考えられるようになっている。受験勉強を通した立身出世と，こうした社会的な課題の解決との間に，大きな溝が生まれた。

溝が深まった原因の一端は，「物をたくさん生産するほどみんなが豊かにな

る」という論理が行き詰まったところにある。物を生産すればするほど自然を破壊し，社会的格差を生じさせる副作用を生む。この副作用が無視できなくなった現在，問題を食い止め解決することが集団の利益として重視されるようになった。こうした問題を道徳の問題として解決する方向も模索されているが，教育の論理自体を刷新していこうとする動きも拡大し，国際的な流れとなっている。

（2）学校教育だけで十分か

2002年に国連総会で採択されたESD（持続可能な開発のための教育）は，ユネスコが中心となって進めてきた国際的な教育政策であり，持続可能な社会を実現していくために，価値観や行動を変え社会的な問題の解決をめざしていく活動である。ESDを推進することで，人類の存亡にさえ関わるさまざまな問題に対して，世界中の人たちの学びを介した協働によって解決をめざし，将来世代にもわたる豊かな生活の確保につなげていこうとしている。

ESDは，社会と環境の持続可能な発展と，人間の発達とを重ね合わせたところで成り立つ教育の可能性を模索しているということができる。集団の利益，なかんずく国家の利益に資する個人の能力開発といった，近代化の原動力となった教育とは，2つの点で大きく異なっている。1つは，人間社会だけでなく生物全体，さらには生物が生存する環境全体との関係で教育を捉えるという点である。そしてもう1つは，教育が想定する人間を，集団に対して自立した主体としてではなく，社会と環境との関係のなかに組み込まれた主体として捉えるという点である。

現在，教育を捉える見方は，このような方向に大きく転換している最中だといえるだろう。教育政策のなかで生涯学習の位置づけが高まっていることも，この転換と関係が深い。教育は，人生の過程を通して，また日々の生活に即して継続していくものと捉えられるようになってきた。人生の前半の学齢期に教育を通して合理的な人間となり，残りの人生を自立して生きていくといった従来の考え方だけでは，人間をとりまく重要な問題と教育との距離が離れていくばかりなのだ。

（3）社会教育の理念と生涯学習の風

社会を変えていく必要があるとき，人々の認識や行動の変化が求められることがあり，そうした変化をもたらす教育の力に期待が集まる。多くの場合，まずは柔軟性に富む子どもの認識や行動に働きかける教育の充実が図られる。子どもの変化は，将来の社会のありように大きく影響を与える。しかし，社会に変化が現れるまでには長い時間がかかるし，それまでの間，子どもは新しい価値観と古い価値観の間の板挟みになることもありえる。

1946年に日本国憲法が公布され，1947年に憲法の理念を実現する教育のあり方を定めた教育基本法が制定されたときも，変化が求められたのは学齢期の子どもだけではなかった。封建的で軍国主義的な国家から，平和的で文化的で民主的な国家に生まれ変わっていくための教育政策のなかには，あらゆる世代の人たちが社会のさまざまな場面で学ぶことができる環境をつくる取組も含まれていた。教育基本法は国や地方公共団体に社会教育を奨励する施策を求め，それを受けて1949年に制定された社会教育法は「すべての国民があらゆる機会，あらゆる場所を利用して，自ら実際生活に即する文化的教養を高め得るような環境を醸成する」（第３条）ことを求めている。

民主的な国づくりは，民主的な国民の形成から始めなければならないと考え，そのために人々が日々の生活のなかで自分の意見をもち話し合いをしながら社会の発展に寄与していく過程をつくりだそうとしたのである。平和的で文化的な民主主義社会の基礎をつくっていくためには，すべての人がさまざまな場面でお互いに学びあう関係をつくっていくことが必要だという考えは，現在でも大切にしなければならない社会教育の原理だといってよい。

しかし，経済成長を成し遂げた1980年ごろになると，国や地方公共団体が成熟した国民を「教え育てる」社会教育は，時代の役割を終えたとする主張が現れるようになった。国民はすでに自律的な市民として成熟しているのだという前提で議論が展開され，教育が必要なのは成熟前の子どもに対してだけだと主張された。この主張を「社会教育終焉論」という。

1980年代は，新しい教育政策の柱として生涯学習の概念が注目を浴びた時代でもあった。社会の変化および文化の発展に対応する教育を実現するために，学校中心の教育システムから生涯学習システムへの移行が必要とされた。

（４）人間らしく生きるための生涯教育

1960年代にユネスコが生涯教育という概念を紹介したときは，教育を受ける期間を人生の前半だけに集中させるのでは，時代の急激な変化に人間が取り残されてしまうということが懸念された。時代の変化に合わせて生涯にわたって学び続けることが，個人の幸福にとっても社会の発展にとっても大切だとされた。当時ユネスコの成人教育課長として活躍したポール・ラングラン（Lengrand, P.）がこの考え方を広めた。かれの考え方に日本で真っ先に反応したのは産業界だった。日進月歩の技術革新に追いついていくために，生産者も消費者も学び続けなければならないとされた。

ユネスコでは，ラングランの提唱を引き継ぎ，人間らしく尊厳をもった存在として生きるための学びに力点をおいて，生涯にわたる教育を支える社会的基盤の整備を提案するフォール報告（1972年）が出された。

また，成人教育課長の職務を引き継いだエットーレ・ジェルピ（Gelpi, E.）は，労働者が自分の能力を自分で管理することの重要性を指摘し，学習者が教育の主体となる自己管理学習を提起した。

さらに，すべての人の内に秘められた力を発揮できるようにする生涯にわたる教育の実現をめざし，「知識を身につけることを学ぶ learning to know」「技能を身につけることを学ぶ（learning to do）」「自分が自分であるために学ぶ（learning to be）」「共に生きるために学ぶ（learning to live together）」といった４つの教育の柱を据えたドロール報告（1996年）がこれらに続いた。

このように，自然破壊や経済格差，それに非人間的な労働や生き方など，高度経済成長や技術革新がつくり出したネガティブな側面に世間の注目が集まるなかで，そういった深刻な課題を解決するためにこそ，生涯教育が必要とされると主張されるようになっていった。イヴァン・イリイチが，制度化の過剰によって環境破壊や人間の無能力化が進んでいると警告して「脱学校の社会」を提起し，またパウロ・フレイレが，意識化と対話を原理とした教育の人間化を主張したのも，生涯教育が提起されたのと同時代であった。

（5）個人的に消費される学び

1980年代に総理大臣の諮問機関として設置された臨時教育審議会は，生涯学習体系への移行を提唱した。この会議では，ユネスコの提起を受けて当初は生涯教育という語が使われていたが，途中から学習者の主体的な学びを強調するために生涯学習という語に変更した。

臨時教育審議会の答申を受けて，文部科学省の組織変更や生涯学習振興法の制定など，また地方においても，生涯学習都市を宣言する自治体が生まれるなど，生涯学習体系への移行が進んだ。

しかし，生涯学習体系は，学校教育中心のシステムに変化を与えることを期待して提起されたものであったが，実際には学校教育に与えた影響は限定的であった。学校教育システムの外側に生涯学習システムが構築されることになると，生涯学習体系と従来からあった社会教育システムとの重なりが大きくなるのは必然であった。

他方，生涯学習体系の構築は，学びの商品化を進める効果をもった。生涯学習推進政策は，教育政策であると同時に，内需拡大をめざす経済政策としての側面をもっていた。それによって，民間の学習産業を活性化し，学習プログラムの開発を進め，それを商品化して消費者に売るという形式が，さまざまな領域で根づいていくことになった。

学習機会の提供者を生産者に，学習プログラムを商品に，学習者を消費者に位置づける形式は，公共セクターにも影響を与えた。学習者を受益者と捉える認識が広まると，たとえば公民館においても利用料の徴収が受益者負担として当然のこととされるようになっていく。

（6）社会教育と生涯学習の公共性

そもそも社会教育システムは，平和的で文化的で民主的な社会づくりのために，民主的な人間の形成が不可欠とされたことで整備された。この論理は，社会教育の公共性を十分に説明している。生涯学習の考え方においても，未来社会をつくり出す原動力として学びや，人類の存亡に関わる課題に挑戦するために求められる学びに焦点が当てられるようになってきている。この論理も，学びに含まれる公共性に焦点が当てられている。学びに公共性を見いだすことができるため，学びを推進する政策が進められてきた。

しかし，実際に生涯学習体系が構築されていくなかで強まってきたのは，学びを学習者の自己利益の枠に押し戻していく力である。学びを私事の枠内で捉える考え方は，学びの場に関わるいくつかの変化を生んだ。かつては，学びの場は行政が学習者に保障するものとして整備されるのが当然だった。公民館や図書館は利用料を徴収することなく，住民主体の学びの場として整備された。しかし，生涯学習体系によって，公民館や図書館と民間のカルチャーセンターや塾などとが同列で相互互換的な関係になった。従来は行政が責任をもって運営していた公民館や図書館，博物館などは，民間に運営を委託する指定管理制度の対象となったり，利用料の徴収が拡大したりなど，経済効率の論理が入り込んできた。

その結果，社会教育施設や社会教育関係職員の制度をはじめとする社会教育システム全体で，学びを支える公共財の弱体化が進んでいる。改めて，学びに含まれる公共的な価値に着目し，社会教育と生涯学習における公共性と私事性との対立図式を見直し，国や地方自治体の役割と責任を再構築する必要があるのではないだろうか。

2　学びの多様性と構造

（1）多様性に富む学びの形

国立市公民館（東京都）には喫茶「わいがや」という店があり，公民館の利用者である学習者たちによって構成される任意団体「障害をこえてともに自立する会」が運営している。接客するのも学習者であり，そのなかに障害のある学習者が含まれているのが特徴である。

喫茶「わいがや」の隣には，「青年室」と呼ばれる部屋がある。ここでは，「わいがや」を運営するための会議をしたり，日々起こる問題のためのミーティングをしたりもするし，公民館を利用するさまざまな学習者たちが立ち寄って雑談をしたり，学習会を開催したりもする。「青年室」に集まる人々のなかには，「青年教室」に参加する人たちもいる。「青年教室」は陶芸や音楽，料理などの活動を通して学ぶプログラムによって構成されている。

喫茶「わいがや」「青年室」「青年教室」は，いずれも社会教育実践として取り組まれている学びの場である。しかし，この学びの場では，通常の学校の教室でみられるような，机と椅子が並んでいて，学習者はそこに教科書とノートを広げて座り，前方に立つ先生の話に耳を澄ませるという学びの形は，ほぼまったくみられない。その代わりにあるのは，接客，話し合い，陶芸，音楽，料理といったさまざまな活動である。通常の学校教育からイメージする学びの形に比べると，社会教育や生涯学習における学びの形は多様性に富んでいる。

その理由の１つに，学校教育が形成的学習中心であるのに対して，社会教育や生涯学習は変容的学習の位置づけが高いことがあげられる。形成的学習とは，あらかじめ想定される完成体あるいは成熟の状態に向かって近づいていく学びである。それに対して変容的学習は，当然のものとして受け容れてきた認識枠組みに変更を加える学びである。子どもが大人になる過程で行われる形成的教育に対して，社会教育や生涯学習では，日々の生活のなかで起こる課題に即して学びが展開する。課題解決のために試行錯誤するなかで，これまでの考え方ではうまくいかないことに気づき，考え方を変えていく。そのような学びが変容的学習である。したがって変容的学習は，活動に即した形で展開することが多い。

（２）学びを支える教育

喫茶「わいがや」「青年室」「青年教室」という学びのシステムは，1980年ごろにつくられた。当時の公民館職員であった社会教育主事は，このシステムの背景となる思想を次のように述べている（平林，1986年，146頁）。

> 「出会い」とはある人や物を媒介としながら，結局，自分自身の無意識の部分と出会う―気づくことではないだろうか。どうしてそんなに学習や教育を優先しなければならないのだろうか。気づきのない学習はあたかも発見のない探検，あるいは出会いのない旅をするようなものだ。

公民館は社会教育施設であり，また社会教育主事は教育の専門職でもある点からも，この引用は教育論として語られていることは明らかである。教育というと，教育者が学習者に対して知識や技能を伝える場面を想起する場合が多いが，この引用ではそれとはずいぶん異なる教育のイメージが語られている。ここで語られる教育とは，学習者の学びが起動するための出会いや気づきの機会を創出する働きかけをさしているといえる。

教育は，学習者への知識や技能の伝授，学習者の自発的な学びの支援といった直接的な働きかけから，学習者の学びが成り立つ条件づくりを通した間接的な働きかけまで多様な形がある。社会教育は，学習者の自発的な学びを前提として展開する教育であるため，支援としての要素や間接的な働きかけの要素の比重が高い。したがって，社会教育の現場では，教育者が学習者の出会いや気づきを意図的に生み出そうとする営みも，重要な教育の要素たりえるのである。

学習者が人や物との出会いから気づきを得ていく先に，学習者間の関係性が深まり学びのコミュニティが生まれる。このコミュニティにおいて，学習者たちの間で学習課題が共有され，共同的な学習行動が生まれていくことが期待される。このようなプロセスを育てていくことも，教育の営みの一環だといえる。このような学習スタイルを共同学習と呼ぶことがある。

歴史的には，共同学習は民主的な社会の形成をめざしていた第二次世界大戦後に公民館で展開した社会教育実践の形態であった。共同学習は，学習者間の濃密なコミュニケーションを媒介にして，学習課題が共有され，共同的な学びが展開していくことが，民主的な社会を形成するための学びとして有効だと考えられた。社会教育法において，レクリエーションを社会教育の一部と規定している（第３条）のも，レクリエーションが学習者間の濃密なコミュニケーションを成り立たせる重要な手段だと考えられているからという説明もできる。

しかし，高度経済成長期に向かうにつれ生産性を追求する社会の雰囲気のなかで，共同性に根ざした学びのスタイルよりも，知識を系統的に学ぶことができるようにプログラム化された系統学習に価値がおかれるようになっていった。

国立市公民館の共同学習は，高度経済成長が生み出したさまざまな社会的課題が浮上するなかで，再度コミュニティを基盤にした学びが求められるなかで立ち上がり，注目を浴びるようになったといってよい。ただし現在の共同学習は，第二次世界大戦直後のそれとは異なり，多様な背景をもつ学習者の参加が前提とされ，学習者間の差異から生まれる学びが重視されており，既存の共同体を前提としていない点に特徴がある。

（3）フォーマル教育・ノンフォーマル教育・インフォーマル教育

喫茶「わいがや」に集う住民は，必ずしも自分を学習者だと考えてはいない。喫茶店の運営を経験してみたいとか，同世代の仲間をつくりたいとか，単に雰囲気がよさそうだからといった理由で集まってくる人も多い。教育現場であるにもかかわらず，学習者に学習者としての意識がないという状況は，社会教育の現場ではよく起こる。社会教育の現場では，関心に即して集まってきた人たちが自然と学びを得ていくことができるように，さまざまな工夫が施される。学習者には学びを偶発的に起こるものとして経験される一方，教育者がその学びが起こる確率を高める工夫を凝らす教育のスタイルを，インフォーマル教育という。

それに対して「青年教室」には，学習者は学ぶ意図をもって参加する。学習者は学ぶ意図を，教育者は学びを支援する意図をもって進められる教育のスタイルを，ノンフォーマル教育という。ノンフォーマル教育は，教育者を「先生」と呼んだり，あらかじめ決められたテキストがあったり，学びの内容が上手に配列されているなど，学校に共通する部分がみられる。

インフォーマル教育，ノンフォーマル教育という語は，学びを促進する専用の施設や設備，学びの内容や方法を含む計画が定められたカリキュラム，教職員組織など，法律に基づいて制度化されたフォーマル教育の対の概念として定義されている。学校教育はフォーマル教育であり，それ以外の教育が学習者の意図性や組織化の程度によって２つに区別する概念として，インフォーマル教育とノンフォーマル教育という語が使われる。このような概念的な区別がなされる背景には，教育に求められるさまざまな課題に対応するためには学校教育だけでは不十分であり，フォーマル教育以外の教育の型の価値を見直そうとする問題意識がある。インフォーマル教育，ノンフォーマル教育という概念的な区別は，学校教育の教育課程以外の組織的な教育として定義される社会教育のスタイルの多様性を示すことにもなった。

偶発的な学びに基づくインフォーマル教育は，学習者それぞれに固有の出会いや気づきを経て学びに結びついていく性質をもっているため，教育者の予期とは異なる教育の成果が表れることも多い。教育の成果の制御がむずかしい教育のスタイルは，社会の矛盾の大きさが意識されるようになってきた今日，ようやく注目度が上がってきている。たとえば「居場所」や「カフェ」といった名称を使ったさまざまな実践がなされるようになった。子どもの居場所，認知症カフェなどは，よく知られた実践である。これらは，孤立しがちな人が，安心して公共的な場に出かけて他者とコミュニケーションをとることの価値に注目が集まるようになった結果，価値が認められるようになった実践といえる。そのような実践においては，支援者も含めた参加者たちが出会い，相互に気づきをもたらすことが予期されている。

（４）スポーツや文化芸術活動と学び

スポーツ，とくに健康づくりや生きがい，仲間づくりなどを目的とした生涯スポーツは，社会教育や生涯学習の一領域と目されてきた。今では，クラブチームでスポーツを楽しむ人や，ジョギングや登山を趣味とする人，勤務後にフィットネスクラブで汗を流す人など，気軽にスポーツに親しむ人は数多い。

20歳以上の人で週1日以上のスポーツ実施率は50%を越えるという。

他方，公民館などの社会教育施設では，陶芸，絵画，木彫，楽器演奏，カラオケ，舞踊など，文化芸術関係の講座やサークルが数多く活動している。

社会教育や生涯学習の活動において，スポーツや文化芸術活動の比重は高い。これらの活動を普及し活発にしていくことが，憲法第25条で保障している「健康で文化的な最低限度の生活」を実質化するという意味を含んでいることは，了解しやすいだろう。社会教育や生涯学習には，学びの活動自体に学習者の生活を豊かにする機能が含まれていることを確認できる。人々の生活に活力をもたらし，社会参加を促進していくスポーツや文化芸術活動は，活動の過程で他者と出会って気づきを得たり，心身を鍛錬したり，新しいことがらに挑戦したりする契機も豊かに含み，人間形成にとって大きな役割を果しえる。

その一方，スポーツも文化芸術活動もそれぞれに独自の機能をもっており，社会教育や生涯学習の枠には収まらない。スポーツには，生涯スポーツ以外に，オリンピック・パラリンピックや国体など，トップアスリートが競い合う競技スポーツの世界がある。スポーツはファンを動かし経済効果を生み出すビジネスにもなりえる。文化芸術活動も同様に，鍛錬の先には作品の評価を得てアーティストとして成功する世界がある。

こうした性質もあって，スポーツ行政や文化行政は，教育行政から独立していく傾向にある。国の行政組織でいえば，スポーツについてはスポーツ庁が，また文化芸術活動については文化庁がそれぞれ担当している。スポーツ庁は2015年に，また文化庁は1968年に文部科学省の外局として誕生した。スポーツや文化芸術活動は，学びの要素を多分にもちながら，それぞれ独自の世界につながる性質をもっている。

3 学びを支えるしくみ

（1）公共的な学びをつくり出す

国や地方自治体が社会教育や生涯学習を振興し，人々の学びを支援しようとするのは，学びに公共的な性格があるからだ。

学校教育が公共的であることは誰もが認めるところである。子どもの個人的な成功のために教育を受けるというレベルでは，学校教育も私的に享受するサービスという側面がある。しかしそれでも，子どもたちが学校での学びを通して社会の構成員として成熟するという点で，学校教育の公共的な性格は揺るぎない。

では，社会教育や生涯学習はどうであろうか。平和的で文化的で民主的な社会の担い手を育成するための社会教育という理念は，社会教育の公共性を十分に説明している。では，個々人が購入して消費する学びが広がる現代において，学びに固有の公共性をどのように捉えることができるだろうか。

たとえば，学ぶ機会が乏しかった時代においては，「健康で文化的な最低限度の生活」を保障するためにも，また民主的な社会の担い手の主体形成を保障するためにも，公民館でさまざまな学びの機会を提供することの公共性は疑いえなかった。しかし，商品経済が行きわたった今日，人々はお金を出して学ぶ機会を享受することも多くなった。経済活動を通じて豊かな生活や主体形成の機会を得られる今日，税金を使って公民館を運営することの公共的な意義が問われるようになった。

社会教育や生涯学習の公共性について，公共的な課題に関わる学びという観点と，学びからの排除という観点について言及することにする。

地球温暖化の解決に貢献する生活のあり方を学ぶために公民館の講演を聞きにいくという学習行動には，公共的な性質が含まれている。他方，料理を上手になりたいという目的で料理教室に通うのは，一般には私的な学習行動とみなされる。しかし，たとえば性的役割分業に立ち向かうために実施されている男性向け料理教室に通う場合，同じ行動であっても公共的な性格を帯びる。この学習行動が公共的であるのは，家事が女性のシャドウワークになりがちという傾向とその現状を問題とする社会的合意があるからだ。男性も抵抗なく料理をする時代になれば，男性向け料理教室の公共的性格は失われる。

したがって，時代や地域性などを背景として，どのような解決すべき課題があるかということが，学びの公共性と深く関連する。表10.1は国際的な協議に

表10.1　持続可能な開発目標（SDGs）

1．貧困をなくそう	10．人や国の不平等をなくそう
2．飢餓をゼロに	11．住み続けられるまちづくりを
3．すべての人に健康と福祉を	12．つくる責任，つかう責任
4．質の高い教育をみんなに	13．気候変動に具体的な対策を
5．ジェンダー平等を実現しよう	14．海の豊かさを守ろう
6．安全な水とトイレを世界中に	15．陸の豊かさも守ろう
7．エネルギーをみんなに，そしてクリーンに	16．平和と公正をすべての人に
8．働きがいも経済成長も	17．パートナーシップで目標を達成しよう
9．産業と技術革新の基盤をつくろう	

基づいて定められた17の持続可能な開発目標（SDGs）である。このように整理された課題との関係で，現代の学びがいかにして公共的でありえるかということが示される。

ほとんどの開発目標が，公共的な学びの内容となりえる。それぞれの課題の実態について知ることや，それに基づいて考えることは，社会の構成員としての主体形成につながる学びになりえる。

（2）学びから排除されている人を支える

SDGsの17目標の根底に，「誰一人取り残されない」というコンセプトがある。このスローガンの意味は，最も困難をかかえている人に焦点を合わせて，すべての人が質の高い暮らしを送れるようにという意味でもあるが，同時にすべての人が連帯・協働して課題解決をめざすという意味でもある。学びから排除されている人は，よりよく生きるための学びの機会から排除されているという意味と，課題解決のための連帯・協働から排除されているという意味で，二重に排除されているということができる。

このような背景から，近年，社会教育や生涯学習に関わる政策で，排除の問題がクローズアップされている。たとえば，文部科学省は2017年に「障害者学習支援推進室」という部署を設け，障害者の生涯学習推進政策に取り組んでいる。この政策を後押ししているのは，2006年に国連総会で採択され，2014年に日本も採択をした「障害者権利条約」である。この条約は，各国に「インクルーシブな生涯学習」の確保を求めている。インクルージョン（「包摂」や「包容」などと訳すこともある）というのは，排除を意味するエクスクルージョンの反意語であり，排除と反対向きの動きを示す言葉である。生涯学習から排除されている人たちに対して学ぶ機会を保障していくことが，社会教育や生涯学習の公共性を追求するにあたっても重要課題として捉えられるようになった。

学びの場から排除されている人は，社会のなかに多様に存在する。身体的・精神的に外出したり他者と関わったりすることに困難をかかえる人たちは，学ぶ機会も制約される傾向にある。社会全体で，障害などによって活動や参加から排除されている人がいる状況を正すことを合理的配慮（reasonable accommodation）という。合理的配慮は，障害者差別解消法（2013年）によって規定されており，社会教育や生涯学習の領域にも大きな影響を与えている。

公共交通機関を使うことができない過疎地に住んでいるなどといった地理的な問題で，学びに参加することが困難だという人もいる。仕事の多忙などの時間的な問題で，学ぶための時間をとれない人も多い。あるいはデジタル機器の操作がうまくできずに学習情報を得ることができなかったり，経済的な理由で学びに参加することができなかったりする人もいる。多様な排除が存在することに視野を広げ，アクセシビリティ向上に努める必要がある。

学びからの排除の原因は多様であり，したがって排除されている人たちの学びに対する支援のあり方も多岐にわたる。物理的な条件整備，情報保障などの直接的な支援が必要な人たちもいるし，学ぼうとする意欲を育てるような支援が必要な場合もある。職業生活に追われている人に対して有給教育休暇を保障したり，奨学金の創設によって経済的に余裕のない人が学ぶための条件を整えたりすることが，有効な支援であることもある。学習者がおかれている状況に応じたインクルーシブな生涯学習を実現するための支援は，これからの社会教育や生涯学習が重点的に取り組む必要のある課題である。

（3）学びを支える人の専門性

公共的な課題に関わる学びを創り出し，学びから排除される人を支えるためには，その担い手となる人が必要である。公共性の観点から，そういった人は行政が責任をもって計画的に育成し配置することが望ましい。

社会教育や生涯学習の領域で，学びの公共性に関わって職務を遂行する職員には，社会教育主事や博物館学芸員，図書館司書などがいる。これらの職員は，それぞれ社会教育法，博物館法，図書館法に規定されている専門職である。社会教育主事は，都道府県・市区町村の教育委員会におくものとされている（社会教育法第９条２）ものの，全国の教育委員会の配置率は年々減少している。また，博物館学芸員や図書館司書は，それぞれ資料についての専門性が優先される専門職であるうえ，博物館や図書館の多くが指定管理制度になり，非正規職員化する傾向が強まるなど，学びを支える専門性を発揮するために解決すべき課題が多い。

社会教育に対する社会の期待が大きいと，学びを支える専門性とは何かということについての議論がなされる。社会教育法が成立するなど社会教育のしくみができあがっていく際に力をもっていた議論には，地域を歩き回り住民との話し合いを繰り返し，それによって把握した学習ニーズに基づいた学びの機会を創っていく，コミュニティワーク型の専門性を強調する議論があった。

社会教育の制度化が進み，役所のなかにある教育委員会事務局に常駐して仕事をする社会教育主事の専門性が焦点になっていくと，アンケートなどによって把握した住民の学習ニーズに基づいて計画立案を行う，テクノクラート型の専門性を強調する議論もなされた。

学びの機会が商品として流通するようになった今日では，多様な学びの場を有効に活用していくことが求められるようになり，ネットワーク型の専門性が強調されるようになった。そのような専門性には，“国，地方公共団体，大学・研究機関，民間団体等に存在する人・もの・情報等に関する学習資源を調査，収集し，その学習資源を有効に活用できるようにすることが必要である”とされる（生涯学習審議会答申「社会の変化に対応した今後の社会教育行政の在り方について」1998年，20頁）。

しかし，財政難をはじめとする複合的な要因によって地方自治体の社会教育行政は弱体化の一途をたどっており，ネットワーク型の専門性の発揮に困難を抱える場合も少なくない。そこで2020年から，社会教育行政を補完する制度として，社会教育主事任用資格を有する人が，社会のさまざまな場面で社会教育士として活動することができるようにした。社会教育士には，社会教育施設ばかりでなく，地域社会や企業や学校などを拠点として，人々の学びを喚起し，アイデアや企画を提案し，人々の協働を創り出す専門性が期待されている。

（4）制度的な課題とこれからの社会教育と生涯学習

社会教育士の制度化は，社会教育と生涯学習の現代的特徴を象徴する出来事だった。

よい社会をつくるために人づくりから着手する，という論理が社会教育や生涯学習を振興する重要なモチベーションだった。この論理を実現するために，国家が責任をもって制度化を進めてきた。人々の学びの機会を国家が保障するという形式が，教育システムを成り立たせてきた。社会教育主事制度は，人々の学習機会を保障するための専門職を国家が責任をもって養成し配置する制度であった。

しかし社会教育士の制度化は，国家は専門家の養成課程の基準のみを示し，養成された専門家の活用を市場原理に委ねるようにしたという見方ができる。国家は基準を示して管理するだけで，実行は多様な担い手に期待するという形式は，指定管理制度にも共通する社会教育と生涯学習の現代的特徴である。さらには，学校教育でも「教育の自由化」と呼ばれる同様のことが起こっており，この形式は教育をめぐる現代的特徴ということができるかもしれない。この現代的特徴の背景には，学習者を消費者として捉えることで，消費者の選択によって教育の質を向上させることができるという論理がある。

需要と供給のバランスがとれる場合は，この論理がうまく働くことを期待することができる。しかし，需要に対して供給量が不足したり，地域による供給量の不均衡が生じることもある。供給が不足すると，消費者の選択による競争や淘汰が起こらず，消費者は質の悪い商品を押しつけられることになる。人々に保障されるべき公共サービスとしての学びの機会が，市場原理の導入によって質量ともに低下することもありえる。

一方では，社会教育士の制度化によって，社会教育士の称号を得た社会教育の専門家が社会のさまざまな領域で活躍する将来を思い描くことができるようになった。しかし他方では，国家による責任がさらに後退し，学習機会の量や学習の質の水準の低下が懸念されるようになったともいえる。そもそも，社会教育士の制度化以前に，社会教育や生涯学習に関する公共部門の弱体化はかなり進行していることは，前述したとおりである。

この動向がポジティブな将来に結びつくためには，学習機会の量と学習の質の水準が確保されるための工夫が編み出されていかなければならない。ネットワーク型行政へのシフトなどのアイデアが出されてきたが，さらに工夫が積み重ねられていくことが，社会教育と生涯学習の制度的な課題だといえよう。

［津田英二］

【参考文献】
鈴木眞理・青山鉄兵・内山淳子編（2016）『社会教育の学習論』学文社
鈴木眞理・伊藤真木子・本庄陽子編（2015）『社会教育の連携論』学文社
日本社会教育学会編（2015）『社会教育の ESD』東洋館出版社
平林正夫（1986）「『たまり場』考」長浜功編『現代社会教育の課題と展望』明石書店

第11章 生涯学習と社会教育の歴史と理念

1 生涯学習と社会教育の歴史を構成してきた要素

社会には多くの解決すべき課題がある。それらの課題解決の多くは，私たちの学びを必要とする。環境破壊を押しとどめるために，私たちの生活と環境との関係を学ぶ必要があるということや，理不尽な人権侵害を許さない環境を醸成するために，私たちは人権感覚を磨く必要があるということなど，学びは課題解決のさまざまな局面で顔を出す。社会教育と生涯学習は，そういった学びに焦点を当てる概念として発展してきた。

したがって，社会教育と生涯学習の歴史は，社会に現れている課題の変遷と深く関わってきた。本書では，現代日本社会においてどのような課題が現れ，社会教育と生涯学習がその課題の解決にどのように関わるか，という観点を中心に検討を進めてきた。この章では，視線を過去に向けてみることで，社会教育と生涯学習についての理解をさらに深める。

社会教育という語が最初に注目を集めたのは，1924年に文部省に「社会教育課」という部署が立ち上がった頃だった。この時期，解決すべき課題と考えられていたことの１つに，貧困で不衛生な都市生活があった。この課題の解決を使命の１つとした社会教育には，貧困を精神面から救済するという役割が与えられた。またしばらくすると，日中戦争を経て太平洋戦争へと向かう時代に突入し，戦争に勝つという課題解決をめざして，戦争に協力する国民を育成する役割が，社会教育に求められた。

1945年に第二次世界大戦が日本の敗戦という形で終わり，翌年に日本国憲法が制定されるた。その憲法は，民主主義や平和主義といった，新しいアイデアに満ちていた。その新しいアイデアを実現しようとする際にも，やはり学びは不可欠な要素だった。戦時下にはわがままを言わずに戦争に協力することが求められていた人々が，自分の意見を発言し，他者の意見と調整することで社会を形成することが求められるようになった。まさに学びなくしては成り立たない社会が到来したのである。1947年に教育基本法が制定され，1949年には社会教育法が制定された。こうして，戦後の社会教育は，今日に至るまで，民主主義と深い関わりを保ちながら展開することになった。

1950年代半ばに始まった高度経済成長は，人々の生活と意識を大きく変えていった。大量生産と大量消費を通して発展する社会において，人々は生活の豊かさを実感するようになり，権利意識を向上させていった。その一方で，公害問題などの環境破壊が進み，さまざまな人権問題が解決すべき課題として認識されるようになっていった。高度経済成長が終わった1970年代には，社会教育にも社会構造の急激な変化に対応することが求められるようになった。それと同時に，さまざまな社会的な課題の解決を求める社会運動が大きな役割を果すようになり，社会教育と社会運動の関係をどのように扱うかということに焦点が当たるようになっていった。

1960年代にユネスコで提唱された生涯教育は，徐々に日本の教育政策に大きな影響を与えるようになっていく。そしてついに，1984～1987年まで総理大臣のもとに設置された臨時教育審議会では，「生涯学習体系への移行」が打ち出された。その際，解決すべき課題として掲げられていたのは，学歴偏重社会，家庭や地域の教育力の低下，人間の精神的，身体的能力の退行，自我の形成の遅れ，社会連帯や責任意識の低下，俗悪な文化の氾濫などであった。

都市化やそれに伴うライフスタイルの変化，学校や家庭や地域の機能不全は，解決すべき課題を生んできたのであり，社会教育と生涯学習に新たな使命を付加してきた。商品の購入によって自分の欲求を満たすことで生活が成り立つ社会において，人々が社会の構成員としての意識をもち，社会の形成に意識的に関与するための学びの推進は，今日の私たちの時代にも課された社会教育と生涯学習の大きな使命でもある。

同時に，今日においては，持続可能な開発というテーマが，社会教育と生涯学習に新たな使命を与えている。持続可能な開発のための教育を意味するESDは，国連を通して世界中で展開されている教育運動である。私たちは，環境破壊や人口減少など，このままでは社会の衰退が予期される課題をめぐって，私たちは学びを通した具体的な行動によって解決を図らなければならないとされる時代に生きている。そのような学びを創出する社会教育と生涯学習には，大きな期待がかけられている。

しかしその一方，社会教育と生涯学習が教育行政主導で展開してきたために，教育行財政の方針に大きく左右されてきた。とくに1980年代以降定着してきた行財政システムの縮小をめざす政策の影響を大きく受け，社会教育と生涯学習にかけられる期待の大きさに比べると，アンバランスに小規模な社会教育と生涯学習の行財政システムが常態化している。今日の社会教育と生涯学習は，限られた資源を用いて，いかに期待される使命を遂行することができるかという問いに直面している。

このように社会教育と生涯学習は，時代の変遷を通して立ち上がってくる課題に応答する形で存在意義が語られてきた。と同時に，その課題解決という困難な使命をいかに果すことができるかということが検討され，試行錯誤されてきた。

そうした試行錯誤は，日本の場合，社会教育行政を中心に行ってきたといえる。ことさら第二次世界大戦後には，教育基本法（1947年），社会教育法（1949年），図書館法（1950年），博物館法（1951年）といった法制が整備され，国や地方自治体の責務が規定され，公民館，図書館，博物館といった社会教育施設が全国に建設されていくなど，社会教育行政の位置づけが高まった。他方，欧米などに比べると，民間の社会教育団体の自律的な発展が遅れたことも，社会教育と生涯学習の発展に社会教育行政が欠かせなかった要因であった。青年団や婦人会，PTA などの社会教育関係の団体は，行政による指導や育成の対象として位置づけられてきた側面がある。もちろん，社会の成熟に伴って，市民の自由な学びの場や機会が増加していき，それに従って社会教育行政の相対的な位置づけは低下してきた。とはいえ現在でも，社会教育行政による計画的な政策は，社会教育・生涯学習に与える影響は大きい。

このような状況を背景にして，次の節からは，社会教育行政とそれを支える制度に着目して，それぞれの時代の課題に対応しようとしてきた試行錯誤の流れと，その過程で立ち上がってきた諸問題について理解を深めることにする。

2 社会教育政策の意味と役割

社会教育の主体・担い手としては，行政と民間の諸機関が考えられる。日本の場合，明治以降近代的な国家が整備されてくるなかで，教育行政・社会教育行政が次第に確立してきた。民間の動きは，一部に傑出したと評価されるものもあることはあったが，それほど大きな意味をもつものではなかった。また，社会教育関連の団体は，国家的な動きのなかで，行政によって育成・利用・統制されるような存在でもあったといえる。

第二次世界大戦敗戦後は，それ以前の国家による教化的な社会教育のあり方からの転換が試みられ，教育基本法（1947年）のもと，社会教育法（1949年），図書館法（1950年），博物館法（1951年）が制定され，現在につながる社会教育行政が始動することとなる。社会教育法では，民間の機関として，「社会教育関係団体」が想定されている。青年団・婦人会・PTA などの民間の非営利的な団体で，行政と関係をもちながら社会教育の活動を行う団体である。民間の営利的な教育機関が無視できない存在になってきたのは1970年代以降であるが，敗戦後現在に至るまで，日本においては，行政による社会教育が社会教育の主たる担い手として存在しつづけているという状況である。社会教育行政によって計画的に展開される社会教育政策のあり方・方向が，日本における社会教育のあり方に大きな影響を与えているということになるのである。

厳密な概念規定がここで求められる作業ではないが，社会教育政策とは，社会教育に関わる行政機関によって一定の方向性をもって展開される，個別具体的な組織の設置・運営や事業等（施策）から構成される，理念や考え方の実現過程の総称，だと考えることができる。社会教育に関わる行政つまり社会教育行政は，その具体的な機関・担い手である文部科学省や教育委員会などの行政組織が法令に従って展開する活動であるが，その際の方向づけは，さまざまな審議会の答申などによってなされてきた。もちろん，審議会の政治過程，どのような経緯でとか，どのような力が働いて答申などができたかなどについては，また別の検討が加えられなければならないことであろう。いずれにしても，社会教育政策は，行政組織のなかで，社会教育についての具体的な施策の展開を基礎づけるものとして考えられるということなのである。

さて，わが国の社会教育は行政によって担われる度合いが高いこともあって，社会教育政策が国全体の社会教育の流れをつくる位置にもあり，それゆえ社会教育行政はさまざまな批判にさらされることが多かった。また，社会教育に関する研究は第二次世界大戦敗戦後に本格的に展開され，日本社会教育学会が創設（1954年）されるなど，組織的に形成されてくるといえるが，その主流は行政批判のスタンスをもつものであり，研究の対象としては社会教育行政や社会教育政策が重要な柱となってきた。研究が現実を切り開くのではなく，現実追随・行政追随の傾向（それも批判的な立場からの）をもつという現象が存在するのである。研究の動きは，行政に対抗する運動とも連動しており，社会教育推進全国協議会という運動組織が結成（1963年）され，「権利としての社会教育」という反文部省・反文教行政の立場からの批判・運動が，『月刊社会教育』（1957年創刊：関係者間では「げっかん」と呼ばれることが多い）という雑誌を拠点にしつつ展開されてきている。これは，研究者が運動と密接に関係していることとも関連しており，学会の共同研究やその成果としての年報のテーマが運動的な関心を反映したものであったり，時期的にはずれていても，学会の会長・副会長や事務局長などの中心的な会員が運動団体の委員長や事務局長などの中心的な会員と重なることも多い，という事実が物語るところでもある。いっぽう，日本生涯教育学会（1980年創設）という学会も活動しているが，これには文教行政批判のスタンスはなく，むしろ行政施策の動きに敏感で，施策の意味づけを試みたり政策科学をめざす方向づけがみられる。また，全日本社会教育連合会が刊行してきた『社会教育』（1950年創刊［『教育と社会』からの改称］：関係者間では「おおばん」と呼ばれることが多い）という雑誌は，地方の教育委員会や行政機関・職員を意識して編集されており，行政の動きには敏感である。いずれにしても，研究のみならず，民間の運動（反体制的なものも含めて）も，社会教育政策を基軸に展開しているとみることができるのである。

日本における社会教育は，後述するように，公民館をその拠点として展開されてきたといえる。また，都道府県・市町村の教育委員会に社会教育主事をおくことにより，専門職を中心とする行政組織を志向してきた。ところが，現実は，それほど充実した施策が展開されたわけではなく，さまざまな好条件が重なったときに，特定の地域で・特定の時期に，注目すべき社会教育の活動が展開されたとみることができる。もちろん，学校教育のような定型的な教育ではないのだから，そのことは当然であるともいえる。そのようなケースでは，社会教育に理解のある首長や教育長・地方議会議員・社会教育主事や施設の専門的職員の存在，さらに住民の役割も重要であった。また，その周辺に存在する，大学の教員の役割も小さくはない（各県に存在する国立大学の教員養成のための学部・教育系学部の社会教育関係の教員の存在の意味は少なくはなかった。良かれ悪しかれ，県の社会教育政策・社会教育行政に少なからず影響をもっていたと考えられる）。しかし，一般的にいえば，本来社会教育行政は地方分権を志向していると考えられるのではあるが，現実の社会教育政策の展開については，国・文部省（文部科学省）が主導的な役割を果たしてきたと考えられる。都道府県や市町村においては，専門的職員が充実しているわけでもなく，その養成や採用や研修についてもきわめて貧弱な状態が続いており，継続的に社会教育行政が施策を展開できるような条件は限定的であると考えられる。

そのようななかで，社会教育政策については，国・文部省の主導的な役割が発揮されてきたということなのである。国・文部省レベルにおいても社会教育についての理解がある職員が専門的な知見からその役割を発揮したかどうかも問われるが，このこと自体が好ましいことであるのかについては，さまざまな条件のなかで考えられなければならないのであろう。ここでは，国レベルでの社会教育政策・社会教育行政が，日本の社会教育の現実だけでなく，その研究にも大きな影響を与えてきた存在であるということを確認しておこう。

3　社会教育法制の成立と社会教育行政の展開

社会教育法の制定と（現在からすると）その初期のいくつかの改正などで，現在に至る社会教育行政の基礎は固まった。それによって日本において社会教育政策はどのように展開されてきたか，法制度的な側面・行政的な側面を中心に主要な論点を検討してみよう。

論点の一点目として，社会教育行政の基本は，教育基本法（1947年）第10条に規定されていた「条件整備」，社会教育法第３条の「環境醸成」という考え方であることがあげられるだろう。学校教育を含む教育行政の基本ではあるが，とくに社会教育行政の場合には，学習者の自発性や自律性が尊重されるべきものであり，条件整備・環境醸成という行政の構えは重要になっていると考えられる。

二点目に，社会教育行政は，地方分権という考え方が基本になっていることがあげられる。それは，社会教育法第５条（市町村の教育委員会の事務）・第６条（都道府県の教育委員会の事務）にある「当該地方の必要に応じ，予算の範囲内において」という文言にもよく表現されている。行政は義務的に事務事業を行う必要はないのであって，それぞれの事情・それぞれの考え方が基礎になるのである。

三点目としては，社会教育施設を社会教育の拠点としていることがあげられる。社会教育法上は「社会教育施設」という用語は，2008年の改正において登場したものではある（それまでは，「社会教育に関する施設」であった）が，社会教育法では公民館についての規定がなされ，第９条において，図書館・博物館を社会教育のための機関とし，図書館法・博物館法で細かな規定をしている。教育基本法による社会教育の規定においても図書館・博物館・公民館があげられており，社会教育にとって，施設がその拠点となっていることを示すものでもあると考えられる。

四点目は，社会教育主事という専門的職員の存在である。社会教育主事は，教育公務員特例法によって専門的教育職員と位置づけられるが，都道府県・市町村の教育委員会におかれ，その地域の社会教育推進の中心的な役割を担う社会教育行政の重要な職員であると想定されている。社会教育法に社会教育主事が規定されたのは，1951年の改正時からであるが，社会教育主事の専門的な知見をもって社会教育行政が推進されるべきであるという考え方が表れている。

五点目は，団体についてであり，社会教育関係団体という存在が想定されていることである。民間の活動によっても社会教育が展開されることが想定されているわけであるが，その支援のあり方については，明治以降第二次世界大戦敗戦前までの，国による民間団体の利用・育成・統制，半官半民という性格をもつ団体の活用という経緯を反省的にふまえており，国・地方公共団体からの補助金支出の禁止を制定当初の社会教育法第13条で規定していた。その後，社会教育法の改正で，このノーサポート・ノーコントロールの原則は，サポート・バット・ノーコントロールの原則に変更される（1959年）が，当初想定されていた民間の団体は，地域性をもつ，青年団・婦人会・PTA などであり，これらは，行政との関係を密接にもつものでもあった。

六点目は，行政は「求めに応じ」という性格をもつことである。これは，社会教育法第11条で，社会教育関係団体に対して「求めに応じ」て「専門的技術的指導又は助言」を与えることができるようになっていることに表れており，また，平成20年の改正では社会教育主事に職務について，「学校が社会教育関係団体，地域住民その他の関係者の協力を得て教育活動を行う場合には，その求めに応じて，必要な助言を行うことができる」という項目が加わった。このことは，行政が直接関与するというスタンスではなく，間接的に支援をするということが意識されてもいることの反映である。一点目の条件整備・環境醸成にもつながる性格である。

さて，このような社会教育行政の性格を基礎に社会教育政策は展開されてきているわけではあるが，いっぽうで，運動的にはこの性格を肯定しつつも実際の動きについて批判が存在していた。最大の批判の論点は，社会教育における国家統制という批判である。前述の６つの論点からは，そのような批判の出る余地はないのであろうが，社会教育政策・施策のレベルでの個別の事象について批判がなされるということである。

たとえば，社会教育主事の設置についてであるが，①公民館における専門的職員と考えられる公民館主事についての積極的な規定や施策を講じないで，教育委員会事務局におかれる専門的教育職員としての社会教育主事の規定をしていること，②その養成を大学における養成を中心としないで夏季期間に集中的に全国のブロックごとの担当国立大学で文部省主催として実施される社会教育主事講習に委ねていること，③派遣社会教育主事というしくみを国庫補助事業として展開（1974年～）してきたこと，④文部省の機関として，「国立社会教育研修所」（東京・上野公園にある。現在は「国立教育政策研究所社会教育実践研究センター」：関係者からは「しゃけん」「こくしゃけん」と呼ばれることが多い）を設置（1965年）し，関係職員の研修や社会教育主事講習を実施してきていることなどが，その批判の概要である。つまり，地方分権の考え方に反し国家的な政策として中央に直結した施策が展開されてきたという判断に基づく批判である。

青年学級振興法（1953年）の制定についての日本青年団協議会の対抗運動としての「共同学習運動」の展開も，民間の運動に対する官僚統制・国の関与の排除という観点からの批判がなされていたという事例もこの時期の重要な動きであった。関連して，国立青年の家の第１号館としての「国立中央青年の家」の開所（1959年）についても青年を対象とする統制の一環という批判も存在していた。

このような政策に対する批判は，民間の運動団体によって，とくにそれを担う研究者や自治体職員によって主導されてきたが，単に国家的統制であるかどうかという観点ではなく，社会教育行政が社会教育本来の原理に基づいて形成されることができるかどうか，そのための施策が適切であるかどうかが問われる必要があると思われる。社会教育政策批判は，第二次世界大戦後の世界におけるソ連・アメリカを軸とした東西陣営の対立，国内の自民党対社会党（・共産党）の対立，資本対労働の対立，文部省と日教組の対立などを背景とした，きわめてイデオロギー臭の強い批判であった。時代的な限界もあり，そのような批判がまったく意味のないものだったとすることもできないであろう。しかし，社会教育の現実を特定の理念のみを正当化し，かつ前提として解釈する立場からの批判は，形を変えつつ現在にまで続いているのであるが，そのようなスタンスは社会教育の発展に有益ではないのであろう。また，それが研究者と称する人々によって行われていたのなら，その研究者や研究団体は本来の意味で研究者・研究団体といえる存在ではないことを自覚すべきであろう。

4 生涯教育概念の移入と社会教育行政

1965年に開催されたユネスコの世界成人教育会議において「生涯教育」という考え方が提起され，日本においても生涯教育がキーワードとなって政策が展開されるようになる。いくつかの審議会答申が，その方向づけを行っており，それに沿った具体的な施策が展開されていくことになる。

社会教育審議会答申「急激な社会構造の変化に対処する社会教育のあり方について」（1971年）は，その方向を示した文書である。そこでは，生涯教育という観点から学校教育・社会教育・家庭教育の有機的協力関係，体系化を図ることが求められている。社会教育という概念を拡張し，社会連帯意識の涵養・国際性を高める等の内容にも注目しつつ，あらゆる機会と場所において行われる各種の学習を教育的に高める活動の総称としている。この答申は生涯教育という概念が移入されたあとの基本的な政策の方向を示したものと位置づき，その後，それに沿ったさまざまな行政施策が展開されることになる。

中央教育審議会答申「生涯教育について」（1981年）は，人生の各時期にふさわしい教育の態様が存在するという発想で構成されており，生涯教育論の基本的なテキストにもなりうるものであった。この答申では，個人学習とその支援の重視，学習相談や学習情報提供サービスの必要性なども説かれている。

この時期の具体的な施策としては，1976年には国立少年自然の家第１号館としての「国立室戸少年自然の家」が設置されたこと，1977年には「国立婦人教育会館」（埼玉県嵐山町。現在「国立女性教育会館」）が開館したこと，国立大学の大学開放事業の嚆矢として1973年に東北大学に大学開放センターが設置されたこと，民間の動きとして朝日カルチャーセンターが東京・新宿副都心に開設

（1974年）されたこと，関連行政の動きとして，国民生活審議会コミュニティ問題小委員会の報告「コミュニティ」が出され（1969年）自治省系統のコミュニティ政策が展開されはじめたことなどがあげられよう。この時期には，徐々にではあるが，地方における社会教育行政が整備されてきているのである。

トータルにいえば国民生活が豊かになってきたことを背景にして，さまざまな学習機会が行政のみならず民間によっても提供されはじめる時期である。個人学習への注目とその支援が社会教育の領域で注目されはじめることは，地域社会に基礎をおいた社会教育が変わることを予感させるものでもあった。また，教育とほかの事業の本質的な違いが理解されないことも多く，たとえば，表面的な施策の重複という観点からすれば，行政社会教育と自治省を中心とする他省庁の地域政策・コミュニティ政策の意味や手法の違いについては理解できないわけである。さらに，行政社会教育と民間の営利事業との性格の違いについても周辺の人々に理解してもらうという努力が社会教育関係者には求められるということが自覚されなければいけなかったのである。前述のような，人々の思想・内面の自由の国家的な統制の一環として社会教育行政が存在しているというようなスタンスからだけの社会教育行政批判ではなく，社会教育の本質に関わる議論が必要な時期だったと考えられる。その後の急速な関連行政施策の展開，社会教育行政の混乱についての冷静な予見が必要だったのであろう。

5 生涯学習政策のなかでの社会教育政策

第二次世界大戦後いや明治時代以降の教育のあり方の抜本的な検討を行うための臨時教育審議会が内閣総理大臣のもとに設置され，1980年代に4次にわたる答申を出したが，「生涯学習体系への移行」がうたわれ，学歴社会の弊害を除去し，生涯学習社会の構築が政策目標として提示されるようになる。行政組織も，文部省社会教育局が生涯学習局に改編され（1988年），「生涯学習の振興のための施策の推進体制等の整備に関する法律」（1990年）（通常，「生涯学習振興法」という略称で呼ばれるが，反文教行政の立場の人たちは「生涯学習振興整備法」とすることが多い）が制定され，全省庁的（実際，この法律は文部省と通商産業省との共管となる）な生涯学習振興がめざされることになる。ただ，議論を先行させれば，この生涯学習振興法は，その後存在意義が喪失されてきていると考えられてもいる。この生涯学習振興法制定の直前には，中央教育審議会答申「生涯学習の基盤整備について」(1990年) が出されており，学習成果の評価や生涯学習推進の拠点である生涯学習推進センターの県レベルでの設置などについての提言がなされ，県レベルによる生涯学習の振興方策が構想されていった。生涯学習振興法によって設置された生涯学習審議会の答申「今後の社会の動向に対応した生涯学習の振興方策について」(1992年) は，社会人を対象としたリカレント教育，ボランティア活動の支援・推進，学校週五日制に対応する学校外活動の充実，「現代的課題」に関する学習機会の提供などの，きわめて重要な内容の提案を行っている。

この時期，にわかに社会教育業界は活気づいたという見方をすることも可能であろう。

生涯学習という用語が，単に社会教育という用語を言い換えたものであるかのように考えられ，折りしものちに「バブル経済」といわれる経済的活況が存在したことを背景に，地方には公民館に代わる特別な愛称をつけた生涯学習センターが建設されるなど，豪華な施設（「箱モノ」）の設置や生涯学習関連のイベントの開催が全国各地でみられた。1989年には，第一回全国生涯学習フェスティバルが千葉県・幕張メッセで開催され，それ以降毎年開催地を変えて継続的に開催されてきた。都道府県・市町村の教育委員会でも，「社会教育課」が担当事務の実質的な変更はさほどないにもかかわらず「生涯学習課」のように名称変更されたところも少なからず存在する。

ただ，それらは，むしろ内側から社会教育の本質を危うくするものでもあったように考えられる。生涯学習支援と社会教育は同一ではなく，生涯学習支援の一環として行政が担う社会教育があるという点に自覚的な施策の展開がなされたかどうかが問われるのである。民間教育事業者の側からも，社会教育行政が事業を拡張し民業を圧迫するという批判がおき，また，政治学の市民参加論者からは，市民文化活動への行政の関与は不要であるという強烈な議論・「社会教育の終焉」論（松下圭一『社会教育の終焉』筑摩書房，1986年）が提起されるのもこの時期である。さらに，反文教行政の論者からは，生涯学習推進政策は社会教育の市場化政策であり，「権利としての社会教育」の立場とは異なる施策展開だとの批判もことあるごとになされていた。そのようななかで，1992年の生涯学習審議会答申のなかの「現代的課題」に関する学習機会の充実という提案は，社会教育のあり方がその本来の役割に沿って提案されたものとして重要な意味をもっていたと考えられる。

6　学校教育への注目と社会教育行政への逆風

社会教育業界の活況は，それほど長くは続かなかった。そもそも社会教育業界が活況を呈するということがおかしなことだったのであり，単なる，「生涯学習バブル」だったのである。社会教育行政がその拠点としての施設や専門的職員の充実を伴いつつ，地域を基盤として着実な展開をみせるケースも存在していたが，いわゆる「バブル経済」の崩壊が国家財政・地方財政の逼迫に及び，優先順位の低い生涯学習振興政策・生涯学習推進政策は後ろに追いやられることになり，その際，社会教育行政の事業までもが不要不急の事業であるというような扱いを受けるということになるのである。「生涯学習バブル」期に，生涯学習（の支援）と社会教育を同一視するようになっていたことのツケが回ってきたという解釈も可能であろう。

文部省に設置された調査研究協力者会議が「国立青年の家・少年自然の家の改善について」という報告で，「学社融合」という考え方を提起したのは1995年であった。それ以前から行政監察などで，国立青少年教育施設や国立婦人教育会館等の運営についての問題が指摘されてきたことへの対応として，「学校に役に立つ」という点を強調した報告と位置づけることができるものである。生涯学習審議会は，1996年には「地域における生涯学習機会の充実方策について」（①高等教育機関，②小・中・高等学校，③社会教育・文化・スポーツ施設，④研究・研修施設，の4セクターのあり方について記述し，それらの①連携の重要性，

②情報化への対応，③ボランティアの受け入れ，④市町村教育委員会の活性化について提案している)，1998年には「社会の変化に対応した今後の社会教育の在り方について」を答申している。

1998年の答申は，社会教育行政のあり方に大きな影響を及ぼした。答申では，「規制の廃止，基準の緩和，指導の見直し等，地方分権を一層推進していく必要がある」「社会教育行政は，社会教育関係団体，民間教育事業者，ボランティア団体をはじめとするNPO，さらには，町内会等の地縁による団体を含めた民間の諸団体とあらたなパートナーシップを形成していくことが必要である」「青年学級振興法は，進学率の上昇等の社会の変化に伴い廃止することが適当である。ただし，青年に対する学習成果の評価等，その法律の精神については，引き続き継承していくことが期待される」などの記述があり，総合的に社会教育行政のあり方の見直しを図ることを提案したものであった。

しかし，その後の行政の動きをみれば，規制の廃止・地方分権という大義名分で，社会教育行政の基本的な事柄がなし崩し的に改変されてきていると思われる。答申そのものに問題があるとするわけではないが，つまみ食いではなく，総合的な判断が求められる必要があったということである。このほか，生涯学習審議会は，「生活体験・自然体験が日本の子どもの心をはぐくむ」(1999年)，「学習の成果を幅広く生かす―生涯学習の成果を生かすための方策について―」(1999年) を答申している。また，生涯学習審議会答申「新しい情報通信技術を活用した生涯学習の推進方策について―情報化で広がる生涯学習の展望」(2000年)，生涯学習審議会社会教育分科審議会報告「家庭の教育力の充実等のための社会教育行政の体制整備について」(2000年)，中央教育審議会答申「青少年の奉仕活動・体験活動の推進方策等について」(2002年) などは，社会教育・生涯学習振興のための具体的テーマ・方策に関する指針となる文書として存在している。

教育基本法の改正が具体的な日程に上がるなかで，2003年には中央教育審議会答申「新しい時代にふさわしい教育基本法と教育振興基本計画の在り方について」が出され，2004年には中央教育審議会生涯学習分科会「今後の生涯学習の振興方策について（審議経過の報告）」が出されおり，2006年に教育基本法が全面的に改正されたあとには，2007年に中央教育審議会生涯学習分科会「新しい時代を切り拓く生涯学習の振興方策について（中間報告）」が，2008年には中央教育審議会答申「新しい時代を切り拓く生涯学習の振興方策について―知の循環型社会の構築を目指して―」（答申）が出され，社会教育法等の改正に向けた作業がなされている。

1998年前後からは，学校教育への関心がさらに高まった時期であった。学校週五日制が月１回で試行されたのが1992年９月から，月２回が1995年から，完全施行は2002年からであった。学習指導要領の改訂に伴い「総合的な学習の時間」が導入されたのは2002年である。2000年には学校評議員，2004年には学校運営協議会のしくみが導入されている。「生きる力」が強調されつつも，「ゆとり教育」の帰結として「低学力問題」が指摘・批判の対象とされ，学校教育へ偏った形での教育への注目が社会的に広がる。

文部省は「生涯学習ボランティア活動総合推進事業」を実施（1991年～）し，社会教育領域で民間のさまざまな形の地域活動の展開を支援するものとして注目されたが，これも10年足らずで終止符を打つ。この事業は，成人の活動そのものに対する文部省の社会教育領域での支援であったが，その後は成人を中心に据えた施策の展開は確認しにくい。このことに象徴されるように，成人を視野に入れた社会教育の事業は全般的に低調になり，かつ社会教育行政機構の整備にも後退傾向が認められると考えられる。1997年には公立社会教育施設整備国庫補助が廃止され，1998年には派遣社会教育主事給与国庫補助が廃止（地方交付税化）される。施設の整備と専門的職員について国庫補助の廃止は，自律的な動きの困難な自治体の社会教育行政には大きな打撃であると考えてよいのであろう。さらに，1999年には「地方分権の推進を図るための関係法律の整備等に関する法律」が成立し，公民館運営審議会の必置規制が外れて任意設置となる，「申請開設」の道が示され学級生の運営への参加が推奨されていた青年学級振興法が廃止されるなどの変化が生じる。

2001年には中央省庁の再編の一環として文部省が文部科学省に再編され，生涯学習局も生涯学習政策局へと移行し，国立青年の家・国立少年自然の家・国立婦人教育会館などが新設された制度を適用し独立行政法人化され，運営費交付金による運営へと移行し，その評価に関する負担が大きくなる。同年の社会教育法一部改正では，家庭教育の向上・体験活動の促進についての規定が市町村教育委員会の事務（第５条）に加わる。2004年には地方自治法の改正によって，公の施設への指定管理者制度の導入が決まり，その後公立社会教育施設が民間事業者や後述のNPO法人によって運営されることも一般的になってきている。さらに2006年には，国立青年の家・国立少年自然の家・国立オリンピック記念青少年総合センターの３法人が統合され，独立行政法人国立青少年教育振興機構が創設される。同年，教育基本法全面改正，2008年，社会教育法改正（社会教育関係団体への補助金支出に関わる意見聴取を社会教育委員会議ではなくとも可能とした第13条の改正，市町村教育委員会の事務としての「学校支援地域本部」についての第５条への追加，学校に対する社会教育主事の助言についての第９条の３への追加など），図書館法・博物館法改正と続く。なお，この間，1998年には特定非営利活動促進法が制定され民間の団体に法人格（NPO法人）を与えることによって活動の活性化を図る支援方策が内閣府を中心に展開されてきている。また，国立大学は2004年に国立大学法人としての制度へと移行している。

いささか，「逆風」の項の記述が多くなっている感があるが，この間の社会教育行政の動きが，１つの筋が通った動きということではなく，さまざまな細かな事柄の積み重ねによっていることの反映であるのかもしれない。質の違う「逆風」が間断なく吹きまくっているのである。

「逆風」の１つは，教育への注目が学校教育へ向かっているということ，あるいは家庭教育へ向かうこともあるが，決して社会教育へは向かってはいないということである。東京の一中学校の特別な環境のなかでの地域と学校の連携事業をモデルにした「学校支援地域本部」という事業が，文部科学省によって「学校再生の切り札」とのふれ込みで2008年度から全国的に展開されているが，これはやはり学校を教育の単一の中心と考える発想なのである。教育基本法第13条は，学校・家庭・地域住民等の相互の連携協力についての規定であるが，そこでの「教育」は，学校教育に限定されていると考えられる。学社融合も結局は学校のための地域の資源や社会教育の協力ということにしかならないのではと考えられないか。社会教育主事が学校に対して助言（指導助言ではない）ができるような社会教育法改正があっても，学校教育（校長）と社会教育（社会教育主事）の間の力関係・地位関係を考えれば，大きな意味はないとも考えられる。学校教育と社会教育との基本的な関係の変更が必要なのであろう。学校中心の教育観は，生涯教育概念の普及によって克服されるかと考えられたが，残念ながら，まだ1965年以前の状況と変わりはないのであって，生涯学習社会の掛け声が虚しく響く。学校教育とは違う社会教育の意味・原理・あり方についての理解が広く浸透することが求められている。

もう1つの「逆風」は，教育以外の論理で社会教育行政が翻弄されているということである。独立行政法人の制度が国立の社会教育機関・施設の運営に適合的なのであろうか。公の施設を民間事業者等に管理させる指定管理者の制度が社会教育施設の運営に適合的なのであろうか。国立大学の法人化にも同様な問題は存在する。いずれも教育・社会教育の内側の論理として登場してきた管理運営方法ではないものを，教育機関・社会教育施設に押しつけられているものなのである。教育・社会教育の領域の評価についての論理内在的な真っ当な検討が行われなければならないのだろう。2009年秋，政府の「事業仕分け作業」において国立青少年教育施設について，「いつからやっているんですか。昭和34年からですか，成果は出てないんですか，まだやるんですか」というような問いかけがあったが，きわめて象徴的な出来事・問いである。いささか乱暴であっても力ずくで現状変革をしなければならないという意図からくるものであろうが，教育の基本的な論理がわからない発想・発言でもある。学校は百年以上存在しており，まだまだ存在意義はあるわけで，「そう，いつまでもやる必要があるんです，あなたがいつまでも食事をしたり化粧をするように」，と堂々と素人にも理解できるように説明することが求められている。

7 社会教育政策の新しい展開への期待

このような状況のなかで，社会教育政策・社会教育行政はどうあればよいのであろうか。

この間の社会教育法の改正の状況をたどると，第５条（市町村の教育委員会の事務）への追加が目立つ。この手法は果たして好ましいことなのだろうか。新しい事業を実施するための法的な裏づけを確保したいという観点から，第５条に個別の事務に関する規定を加えるということであるが，弥縫策という感は否めない。個別的にあれこれ追加するのではなく，求められる施策はどのようなものであるかを，地域，市町村・都道府県それぞれが検討し決定し実施することができる体制を整備していくことこそが求められることなのではなかろうか。その時々のさまざまな力学が働いて形成される政策に翻弄されるのではない地域における社会教育行政のあり方が追求されるべきであろう。そのためには，地域，市町村・都道府県それぞれに社会教育がわかる人，専門的職員などが存在することが基本になると考えられる。まず，体制の整備である。即効的ではないかもしれないが，基礎を固めるということであって，決して遠回りでもない。

もう１つ，この間の社会教育法等の改正の状況からは，原理なき改善があれこれなされてきていると感じざるをえない。青年学級振興法（「申請開設」の道が開かれていたり，「運営委員会」への学級生の参加が推奨されていた）の廃止，公民館運営審議会の任意設置化，社会教育関係団体への補助金支出に関しての社会教育委員会議への意見聴取の規制廃止など，それぞれ個別の論理での改正であり，一見なんの脈絡もないようだが，住民の参加という観点から考えると，参加が後退せざるをえない状況をつくるような動きになっていると考えられる。それぞれが状況を反映した改善だということであろうが，原理的に考えるとどうなるのか，中長期的な展望をもちうる司令塔が不在のように考えられる。

行政組織のなかで，原理的・総体的・総合的に判断するということができにくくなってきているのであろう。社会教育に関係する，文部科学省の職員・教育委員会の職員が，社会教育についてどれだけ理解をもって，どれだけ興味関心をもって，どれだけ労をいとわず学習者中心にものを考え行動できるか。社会教育の周辺にいる人々に対しても積極的な働きかけが求められてもいる。社会教育政策・制度が変わればすぐに社会教育が変わる，というわけではなく，それを媒介する人々のありようが決定的に重要になるのであろう。

これまで先人が築いてきた「社会教育遺産」といえるようなものも随所にある。全国的に注目されている地域活動には，過去の社会教育の成果であるものも多い。しかし，ただ単に遺産として崇め奉るだけではなく，それらを「社会教育資産」として今後とも活かしていけるようになると，社会教育の状況を少しは変えられるのかもしれない。

8 社会教育行政の盛衰

第二次世界大戦後に，日本が民主的で文化的な平和な国家に生まれ変わるための手段として，1949年に制定された社会教育法をはじめ，現在の社会教育の制度が整備された。その中心にあった社会教育行政は，さまざまな社会教育施設の設置や運営，社会教育関係団体の育成などを通して，人々が学ぶ条件を整備してきた。

1956年から始まったといわれる高度経済成長，1970年代の低成長期を経て，都市化が進み，人々の生活が安定していくことで，徐々に学びは個々人の消費行動に支えられる私的な活動としてみなされる傾向が強まっていった。そこに生涯教育，生涯学習の概念が登場した。個人主義的な学びのイメージを喚起させる生涯学習の概念は，民主主義と学びとの間の深いつながりを見えにくくし，社会教育の概念を侵食したといえるだろう。

その一方で，1980年代後半に行われた，生涯学習体系への移行を柱の１つとした教育改革は，社会教育行政に新たな役割を与えた。人生の初期段階に集中している学校での学びだけでなく，その後の人生のどこかで再び学ぶことができる社会，学び続けることができる社会がめざされ，そのための条件整備が求められるようになった。また，人々の平均寿命が伸びるなかで，高齢者の生きがいづくりといった課題も，社会教育行政の役割として注目を集めた。

またこのころ，環境問題や人権問題など，近代の産業化の負の側面として進んだ自然と人間への搾取の弊害が，人々に突き付けられるようになってきていた。そうした地球や人類にとって重大な課題の解決の手段として，生涯学習の役割が期待されるようになっていく。

折しも1995年に阪神・淡路大震災が起こり，被災者の救援や復興に駆けつけたボランティアが注目を集めた。行政や企業とは異なる役割を担いえるボランティアによる活動を振興しようとする議論が広がり，1998年に特定非営利活動促進法が制定された。民間の団体に法人格（NPO 法人）を与えることによって活動の活性化を図る支援方策が内閣府を中心に展開され，社会教育と生涯学習の展開に大きな影響を及ぼすようになった。

生涯学習政策のもとで，社会教育行政は NPO 法人をはじめとする民間とも協働することが求められるようになっていく。1998年の生涯学習審議会答申「社会の変化に対応した今後の社会教育行政の在り方について」において，「ネットワーク型行政」という言葉が使われた。さまざまな担い手が学びの場や機会をつくっていくことを前提として，社会教育行政はそれらの担い手を総合的に支援する中核的な役割を果たそうとする方針であった。

しかしながら，社会教育行政は1990年代半ば以降，緊縮財政のもとで急速に体力を落としていった。

1999年の社会教育法改正によって，公民館運営審議会の設置義務が廃止された。また，都道府県と市区町村の社会教育費はこのころから大幅に削減されていき，市町村の社会教育主事の配置率は急速に低下していった。

さらに，2018年にはついに，文部科学省の組織再編によって生涯学習推進課が総合教育政策局となり，部署名から社会教育の文字が消えた。2019年の地方教育行政の組織及び運営に関する法律（地教行法）の改正によって，公民館，図書館，博物館といった社会教育施設を教育委員会ではなく首長部局の管轄とすることができるようになった。

ちなみに，教育行政を首長部局とは異なる教育委員会が担うようになったのは，第二次世界大戦後のことである。これは，教育には政治的中立性や継続性，安定性が必要であり，時の為政者の方針による影響を緩和する効果を期待した措置であった。他方，社会教育は，産業や社会福祉，観光，防災など教育以外のさまざまな社会的機能と深く結びついているため，教育委員会の制度的な縛りに対する反発も根強くあった。

9 役割転換を模索する社会教育行政

このように弱体化の一途をたどる社会教育行政だが，社会教育に対する社会的期待はこの期間にも膨らみつづけている。

この時期に直面した課題の多くは，人類や社会の持続可能性についての課題，家族や地域社会などの人間社会の基本的な単位のあり方をめぐる課題，誰もが取り残されない社会の形成をめぐる課題など，複雑で深刻なものであった。それらの課題は，私たちの身の回りの課題であるとともに，世界規模の課題でもあり，国際的な協働によって解決が図られるべきものでもある。象徴的なのは，2002年の国連総会で採択された国際枠組み「国連持続可能な開発のための教育の10年」によって各国が協働して取り組んだESDや，2015年の国連サミットで採択された「持続可能な開発目標（SDGs：Sustainable Development Goals）」がある。

こうした課題に関わる学びは，社会のさまざまな場所や機会で行われなければならない。縮小を余儀なくされてきた社会教育行政が，それでも責任をもつべき条件整備や環境醸成の中味が，ますます問われるようになってきたといえる。

教育基本法改正を受けた2008年の中央教育審議会生涯学習分科会答申「新しい時代を切り拓く生涯学習の振興方策について」では，「知の循環型社会」というフレーズを掲げ，社会教育行政は，学びの場や機会について条件整備を行っていくだけでなく，学びの成果を生かす条件整備も任務とすべきという方針を打ち出した。

同年に教育基本法に依拠して策定された第一期教育振興基本計画では，教育に対する社会全体の連携の強化をめざすとともに，一貫した理念に基づく生涯学習社会の実現をめざすといった基本的な考え方が示され，社会教育の重要性が改めて確認された。

2013年に策定された第二期教育振興基本計画では，さらに社会教育推進体制の強化の方針が明示された。社会教育行政は，さまざまな主体に対して積極的に連携を仕掛け，地域住民も一体になって協働して「社会教育行政の再構築」に向けた取組を推進するものとされた。

さまざまな主体のなかでも学校は最も重視され，施策が展開されていった。2015年の中央教育審議会答申「新しい時代の教育や地方創生の実現に向けた学校と地域の連携・協働の在り方と今後の推進方策について」では，コミュニティ・スクールや学校支援地域本部の活用が提起され，学校がかかえる課題が複雑化かつ困難化している問題，また地域社会の教育力が低下している課題に対して，社会総掛かりで対応することが力説された。同年に「学校を核とした地域力強化プラン」，翌2016年には「『次世代の学校・地域』創生プラン」が発表された。こうしたプランを実現していく手段として，文部科学省は学校・家庭・地域連携協力推進事業費補助金をはじめとした補助金制度を活用し，その事務を社会教育行政が管轄する体制がつくられた。

少子化や人口減少といった課題は社会の持続可能性と深く関わっており，社会教育行政への期待も大きい。2018年の中央教育審議会答申「人口減少時代の新しい地域づくりに向けた社会教育の振興方策について」は，社会教育によって「人づくり」と「つながりづくり」を活性化することで，住民が自発的に地域の課題を解決し，魅力ある地域をつくっていくビジョンを確認している。そのためには住民の主体的な参加に開かれた社会教育が必要であり，社会教育行政にはネットワーク型行政の実質化が求められるとも述べられた。

このように，さまざまな組織が連携をすることで「知の循環型社会」を創り出し，これに住民が参加することで，活力のある社会を形成していこうとするビジョンが確立してきており，社会教育行政に対しては，このビジョンの中核で歯車を動かしていく役割が期待されてきたのだといえる。

その際，「知の循環型社会」から排除されてきた人たちがいるのではないか，ということも課題として扱われるようになってきている。2017年に文部科学省に障害者学習支援推進室が設置され，2019年には学校卒業後における障害者の学びの推進に関する有識者会議から「障害者の生涯学習の推進方策について―誰もが，障害の有無にかかわらず共に学び，生きる共生社会を目指して―(報告)」が出された。この文書のなかでも，学びの場や機会から排除されてきた人たちを包摂していく動きのなかで，社会教育行政が重要な役割を果たすべきとされた。

このように，縮小した社会教育行政に，大きな役割が期待されるようになってきたわけであるが，この役割の遂行は容易ではない。あらゆる資源が不足しているなかで，今のところ，社会教育を支える担い手づくりに活路を見いだそうとしている。2020年から，社会教育主事を養成するために開設されていた課程を修了した人に対して，社会教育士の称号を付与するという制度が運用されている。社会教育の専門的な知識や技術をもった人が，社会教育行政の外でも活躍できるようにすることを意図した制度である。そのような人たちが，社会のさまざまな場面で社会教育を活性化し，学びを通して社会を活性化する動きを創り出し，支えていくことが期待されている。

［第１・８・９節：津田英二・第２～７節：鈴木眞理］

※第２節～７節は，鈴木眞理（2010）「社会教育政策の意味と変遷」鈴木眞理・大島まな・清國祐二編『社会教育の核心』財団法人全日本社会教育連合会，8-24頁をもとにしている。

第12章
社会教育の役割のこれまでとこれから

1 「持続可能」ということ

社会教育は，社会の動きに敏感である。当たり前のことであるのだが，行政が絡むと，このことは顕著に現れる。国レベルの基本的な方針を示す文書などが出ると，社会教育領域の会議や文書や果ては，研究団体の紀要や年報までもが，それに追随するような，滑稽な現象が現れる。

そんな新規なコトバを使うのなら，もっと早く理路整然と背景を説明すればよいのだろうが，空から降って来るものなので，みんなあたふたする。

2024年春現在の最新のキーワードは「ウェルビーング」だ。ここ数十年，さまざまなキーワード（それも，行政で使われたもの。社会教育の領域に出自をもつものでもない）が出ては消え，しているが，たとえば，順不同にあげれば，[生涯学習社会・高齢化社会・少子化社会・男女共同参画社会・共生社会・福祉社会・ワークライフバランス・リカレント教育・持続可能な社会・リスキリング・SDGs・society 5.0・ウェルビーング] などは，まあ，生き延びているような「新語」なのだったろう。

繰り返しになるが，社会教育は，社会の動きに敏感でなければならない。全体社会の動きは，社会教育に大きな影響を及ぼす。これは，自明なことではある。

このところ，社会教育の事業や研修で，「持続可能」という用語をよく見かける。そう，社会全体で「持続可能」が「合い言葉」になっている状況があるからだろう。

以前から，一部で「持続可能な開発」という考え方は提起されていたが，この「合い言葉」が全世界的に注目されてきたのは，「持続可能な開発目標(SDGs：Sustainable Development Goals)」が2015年に国連で提起されて以来の現象であり，わが国でもその時期から急速に広がったものである。一昔前，

「持続可能な開発のための教育（ESD：Education for Sustainable Development）」が一部の教育関係者のなかで語られることはあったけれど。行政関係者は，カラフルなバッジを付けているし，テレビなどでも「持続可能」に関係するキャンペーンを行っている。どうして「持続可能」がこんなに注目されるのか。それは，国連による呼びかけがあって，国が音頭をとり，行政の世界や民間，研究者の世界にも広がってきているからなのだ。結構なことだといえるだろう。ただ，少し注意しておきたいのは，「持続可能な」は，「開発」と結びついているということであるが，「持続可能な」だけが単独で使われることも多いという点である。「開発」が「ある」と「ない」とで，どこまでが同じで，どこからが違うかということは，きわめて重要なことだといえると思うが，ここでは，「持続可能」ということだけで考えてみることにしよう。

みたように，「持続可能」は，「社会教育由来」の用語ではない。たとえば，近頃のお役所文書には，「society 5.0」という言葉がよく見られるものであるが，これは社会教育由来ではなく，社会全体の動きのなかで用いられるものである。

「社会教育由来」の用語として，かつてよく使われていたのは，「生涯学習社会」であった。また，その前の1970年代くらいからよく使われてきたのは，文部省に設置された中央教育審議会や社会教育審議会・生涯学習審議会の答申であり，ユネスコ「学習権宣言」であった。それらは，明らかに政治的立場によって意見が異なる人々に使われていたのだが，いわば，「水戸黄門の印籠」であって，「これが見えないか」と言って，説得の根拠とするように使われてきたものである。文部省の考え方や施策を自らの主張の根拠にしたり，反文部省の立場を主張する際に「国際的動向」を根拠にする動きであった。技術的な領域でいえば，もてはやされる「PDCA サイクル（Plan-Do-Check-Action）」は，かつては，「Plan-Do-See」といわれていたが，これも計画論一般由来のものであり，「社会教育由来」ではない（ちなみに，「指定管理者」という制度も，社会教育由来ではない）。

これらはしかし，現実に動いている社会教育から出てきた考え方を表しているものではないと考えられるもので，社会教育の外部の力を借り，正当であることを主張しようとする発想である。社会教育に内在する論理からの発想は，そんなに頼りないものなのであろうか。

2 「元気が出るテレビ」

1980～90年代にかけてだっただろうか，日本テレビ系列で，「ビートたけし」が司会の「天才・たけしの元気が出るテレビ‼」という番組があり，そのなかに活気のない商店街や店舗などを復活・復興させる人気の企画が存在した。私は，当時も今も静岡県伊東市に住んでいるが，伊東の，さびれた小規模温泉旅館の復活と，饅頭屋を立ち上げる素人の若者などが取り上げられていた。旅館の玄関の上には，「ビートたけしの招き猫」が描かれた時計が掲げられ，町には装飾を施した山車《だし》を繰り出し，多くの住民が見ようと沿道を埋めたものだ。私も子どもを肩車などして，家族総出で見たことを覚えている。町中，大騒ぎであった。

その旅館はほどなく営業をやめ，今では跡地は更地になっている。饅頭屋も，しばらくして閉じてしまった。今でも車で前を通るたびに，あれは何だったのか，あのかれらはどうしているか，考えさせられる。そのときだけの「お祭り騒ぎ」で終わってしまったのである。旅館はいいように使われたのであり，若者も同じなのであろう。しかし，「ワラをもつかむ」思いの人をもてあそぶ企画だ，というような批判をしても仕方あるまい。そもそも民放の企画なのだから。

その場・その時のことしか考えていない企画であったのだ。復興計画は，持続可能性を意識してはいなかったのである。そもそも，当事者の主体的な考えや行動があってつくられた計画ではなかった，といってもよいのかもしれない。

社会教育，それも行政が関係する社会教育の領域では，普通，そのような企画は考えられることではなかろう。いや，企画する側にテレビ業界の関係者のような才覚もないのだろうし，資金もないから，当然のことではある。一発の花火も打ち上げられないのだろう。しかし，社会教育の領域では，「持続可能性」という考え方が，前提にあると考えられるのであって，そのような企画のアイデアが出てこないのも当然であろう。「元気が出る」ための「お祭り騒ぎ」はありだとしても，持続可能性・継続性ということが，常に社会教育の関係者の頭にはあるのだろう。

3 社会教育の学習課題

社会教育の領域に，学習課題の設定の原理として，要求課題と必要課題という考え方がある。要求課題に基づく学習課題の設定か，必要課題に基づく学習課題の設定かということである。ここで，要求課題とは，学習者が学んでみたいと思っている学習課題をさし，必要課題とは，学習者が学びたいとは思っていないが，外から見ていて学ぶ必要があると考えられる課題である。こういう人は，こういうことを学ぶことが必要だと考えられる学習課題である。余計なお世話？　いや，これが教育の教育たるゆえんであるということができるのであろう。子どもが好みのお菓子だけしか食べないとき，親は，バランスよくエネルギーや栄養素を摂取させるようにするだろう。それと同じような考え方である。

社会教育の領域では，要求課題と必要課題については，昔から意識され考えられてきたことである。生涯学習という概念が移入されて，要求課題に基づく学習課題だけが注目されるかのようになったのは，不幸なことであった。自らの好みに合う，楽しみのための学習のみが注目されがちなのである。

1992（平成４）年の生涯学習審議会答申では，「当面重点を置いて取り組むべき四つの課題」の１つに，「現代的課題に関する学習機会の充実について」をあげている。そこでは，「地球環境の保全，国際理解等の世界的な課題をはじめ，高齢化社会への対応，男女共同参画社会の形成等，人々が社会生活を営む上で，理解し，体得しておくことが望まれる課題が増大している。ここで言う現代課題とは，このような社会の急激な変化に対応し，人間性豊かな生活を営むために，人々が学習する必要のある課題である」と述べられている。文部省におかれた生涯学習審議会がこのような問題提起をするのは，注目してよいことである。それまで，生涯学習支援として，どちらかといえば，要求課題に即した支援に重点をおいていたものが，必要課題への注目をしたということなのである。現代的課題という用語ではあるが，すでに用いられてきていた社会的課題とか，公共的課題という表現を使えば，必要課題への注目の強調ということがより明瞭になるのだろう。なお，2006（平成18）年に改正された教育基本法で登場した「個人の要望」と「社会の要請」とも共通する発想であることにも注意が必要であろうことも加えておこう。

2017（平成29）年には，文部科学省生涯学習政策局に設置された「学びを通じた地域づくりの推進に関する調査研究協力者会議」による「人々の暮らしと社会の発展に貢献する持続可能な社会教育システムの構築について 論点の整理」が公表されている。総花的なこの「論点の整理」のなかでは，「地域住民が地域コミュニティの将来像や在り方を共有し，その実現のために解決すべき地域課題とその対応について学習し，その成果を地域づくりの実践につなげる『学び』を『地域課題解決学習』として捉え，社会教育の概念に明確に位置付け，公民館等においてその推進を図ることにより，住民の主体的参画による持続可能な地域づくりに貢献することが求められる」としており，「『地域課題解決学習』は，『社会教育』の概念に包含される」と述べている。

この「論点の整理」は，さも新しいこと発見したような調子で書かれているが，すでに示したことを考えてみれば，社会教育の領域で古くから考えられてきていることであることは容易に理解できるであろう。それは仕方がないことで，この会議のメンバー（調査研究協力者＝「有識者」）には，長く深く社会教育の中心に関係してきた実践家や研究者はいないのであるから。そのような人々には，社会教育が何か新鮮で可能性に満ちたものに見えたのであろう（それはそれで，結構でしょうね）。1992（平成４）年の「現代的課題」への注目も，「え，やっと今頃強調するの？」という感じであったが，それから四半世紀経った2017（平成29）年の「地域課題解決学習」にも同様な感想をもつマトモな関係者は多いのであろう。

4 社会教育と持続可能性

社会教育の役割が，必要課題への対応というところにあるということは，別に「有識者」に指摘されなければわからないことではない。「有識者」が社会教育のことをわかっていないから，そのような基本的なことが語られるのであり，それをありがたく受け取る行政があるのであろう（いや，「有識者」が行政の提起を受け入れていたのなら，それも問題だ）。地域で社会教育の現実に真摯に関係している職員や，地域住民，関係者には当たり前すぎることなのである。

地域課題でもいい，現代的課題という表現でもいい，一般的な言い方をすれば，社会的課題・公共的課題は，社会教育が展開される際の基本的な学習課題なのである。社会教育が何のために存在するのか，なぜ必要なのか，なぜそれを行政が担う社会教育が意識しなければいけないのか，社会教育の目的論に関わる問題として，真剣に考えなければいけないことなのであろう。

ここで，「持続可能な社会」「持続可能な地域」をつくるために，教育があり，社会教育があるのだということを確認しておかなければならないであろう（いや，冒頭に述べたとおり，本来「持続可能な」というコトバのあとには，「開発」が続くように用いられていたはずなのであり，その「開発」の意味・内実も吟味しなければいけないのだが）。教育，その一形態の社会教育は，自律的な人間の形成に資するために存在するわけであるが，それによって，地域をつくり，社会をつくるということが想定される。そのようなしくみは，しくみ自体が維持され，継続的に行っていくことが必要になる。社会教育自体が「持続可能」でなければいけない，ということなのである。

社会教育は，あれこれの特質をもつと考えられるが，「持続可能」ということに関連させれば，いくつかの論点があげられるだろう。それは，公共性をもつこと，継続性を前提にすること，当事者性を重視すること，などであろう。

公共性をもつという点に関しては，学習課題としての必要課題への注目とその重視という観点で，すでに言及したとおりである。

継続性を前提にすること，言い換えれば一過性ではないことは，これまでの社会教育のさまざまな実践をみても，明らかになっているといえる。事業は深められながら継続的に実施されているものも多いし，行政が講座を開き，修了後にその参加者の自主的な活動を支援するようなことも普通にみられる。公民館活動の評価なども注目されるようになっているが，これは，継続性あるいは発展を意識したことである。

関連しているのであるが，学習者の当事者性の尊重ということも，社会教育の特質の１つといえるのだろう。福祉の領域で語られる当事者性は，課題のある人々が，自身の問題を自身で自覚し・考え・決定し，行政を含めた周囲はそれを支援するという発想であるといえるが，その発想を社会教育の領域にも適用することは，社会教育の本来のあり方を再認識するということなのであろう。社会教育法が1949（昭和24）年にできたとき，公民館への補助は，当該館の実績に応じて決定されていた。現在のように，中央で指定した特定の事業への補助という考え方でなく，「当事者」の判断を重視する形である。昭和の終わりに，内閣総理大臣竹下登（青山学院大学のライバルの１つである明治大学出身の女優北川景子の夫のDAIGOの祖父：こういうことを「講演」だと言えるのですが。あ，書いちゃった）の発案だとされる「ふるさと創生事業」といわれる施策があった。いわゆる「竹下一億円」というものである。人口規模や使途を問わず市町村に一億円ずつ「配り」，使い方を問わないという「画期的な」ものであった。評価は分かれるが，この，使途は自治体が自由に決めることができるという発想は，社会教育の領域でも十分に注目してもよいのであろう（ただし，「業者」の活躍の場になっては意味がないのであって，まさに当事者の見識・能力が問われるということなのである）。社会教育委員という住民の声を反映できるしくみもある。

社会教育の領域では，学校教育の発想にとらわれないで，どこでも同じでもなく，より自由な発想が求められていいし，やろうと思う人を支援し，少なくともやろうと思う人をくじけさせるようなことはあってはならないのであろう。

「持続可能な地域づくりに向けた社会教育」ということを取り立てて考えることはない。「持続可能性」が社会教育には内在している，ということなのである。社会教育の特質を十分意識しながら，活動を行っていけば，それでよいのだろう。

5 これまでの社会教育・これからの社会教育

これまでの社会教育とこれからの社会教育，社会教育のこれまでとこれから，という区分は，いささか，いい加減すぎるかもしれない。なぜ，この原稿を書いている「現在」が，その分岐点になるのか。「現在」まではわかるけれど，これからは，わからない。

社会教育の領域の専門的職員といえば，社会教育主事を思い浮かべることは，正しい。公民館主事という名称をあげる人がいたら，それは，かなりマニアック（？）な人だ。社会教育士という名称をあげる人がいるかもしれないが，その人は偏った「情報通」，変に毒されてしまった人なのだろう。

教育委員会事務局で社会教育行政の領域の法的に裏打ちされ，資格要件も総体的に整備されている専門的職員としての，社会教育主事という存在は，社会教育法の制定の直後に規定されている。

公民館主事は，社会教育の中心的な場として施設・教育機関として位置づく公民館の事業に関わる職員である。専門的職員であるという法的な規定や養成のしくみは，ずっと整備されてはいないが，学習の場面での「専門的な」存在であることは，間違いない。社会教育主事が法的規定を受けたときには，公民館主事こそ，キチンとした位置づけが与えられるべきだという，ごくまっとうな議論もあった。

社会教育士とは，近年ポッと出てきた，文部科学省がなぜか力を入れて「普及」を進めてきた「称号」であるという。社会教育主事と同じような科目の履修が求められてはいるが，法的な位置はもちろんなく（それが）当たり前であるが，当然，「キチンと」位置づけろという議論や「上級の称号を」というような，ナンセンスな議論が，「御用学者」と揶揄される人や，「権力にすり寄る」大学・行政関係者によって，まじめな顔してなされるんだろうな（ここで出してる「用語」は，死語に近いんじゃないかと思う。世の中の研究者すべてが，御用学者になり，「権力にすり寄って」いるんじゃないだろうか。昔から，それゆえの存在意義を強調してきた人たちの，「奮起」を期待したい)。

社会教育士は，単なる「称号」として，名乗りたい人が名乗るものである。それならそれでよいのだろうけど，行政が深入りするのはおかしいのではないのか。類似の「資格」は多く存在している。そもそも，いったい，誰が「称える」のだろうかわからないが，「資格商法」の１つ，それも「官製資格商法」が始まったということだろうか。これについて，あたかも，公的な資格であるかと誤解させる（おかみのお墨つきがあるかのような)「文書」があちこちで流布されていることは，困ったことであり，この領域の関係者としては恥ずかしいことである。決して「資格」ではない，「ごかく」か「さんかく」なのであるのだが，それなりのポストに就いている人がネット上で誤った考え方を広げているから，厄介である。マトモな議論が困難な人が，あやふやな知識を振りかざして，傍若無人に振る舞うような状況があることを，批判的に観察することが求められるのであろう。

社会教育士に関する議論としては，社会教育の関係職員などに求められるのは技法か理念かをキチンと認識すべきであることが，意識される必要があろう。学問は，研究対象と研究方法とを認識することが基礎にあるはずであるが，一方でそれらにこだわりすぎずに意識することは重要なことでもあろう。

これは，技法であるとか，理念であるとか，さらにそれらを細分化して考えることが，そしてそれに対応する細かな手法などを身につけることが必要であるとか，という議論につながるのであろう。そういう発想をとるのかどうか，が，まず検討されなければならいのだろう。全体性を重視するということは，もっと強調されてよいのだろう。「病気を診る」のではなく「人間を診る」といわれるようなことであろう。こういうことを考えると，「社会教育士」という発想は，案外，イケル発想なのかもしれない。近所のおじちゃんおばちゃんが「社会教育士」の「基礎知識」をもっているなどという発想は，ダメなんでしょうね。そんな夢のあることは，「資格商法」を進めようとしている人は，考えもしないでしょうね。

ここで言っていることは，結局「当事者性」を重視することが必要だということになるのだろうかと思えるのだが，当事者性ということこそが，社会教育の社会教育らしさを担保するものであろう。

とは言ったものの，中央（文部科学省など）におかれた審議会や委員会の「力」は絶対的だという現実がある。研究者としての能力や価値はどうあれ，そこの委員は，エライ。そこでの議論は無謬《むびゅう》で，すばらしいもので，その通りにやっていれば間違いない，と考えられて物事は進んでいく。批判をしていた研究者が，いつの間にか，行政施策の旗振り役になっているなんてことはざらにある。その研究者が教わった先生は，どのように思っているのだろうか。そんなようなことにならないようにすることが，社会教育の関係の学習をする人には，求められるのでしょうがね。自らを売り込む大学教員も残念ながら少なからず存在するし，関係者のなかに大学の教員になりたい人がいかに多いことか。○○マイスターだとかの「称号」をつくり，手づくり名刺を流布させ，名誉欲をくすぐる「商法」にも役所が手を貸すことがあることも，嘆かわしい。ついでに，単に行政の関係者であり，その領域の情報を多く入手しているだけで，博士の学位まで取り，大学教員になり，「業界に」君臨しだす薄っぺらな人も多くなってきた。この種の人は，昔からいたが，その質は，急激に低下し，量は急激に増えている。「学会」なるものの質的低下は甚だしい。大学関係者にこれ以上期待することはできないということなのであろうか。

6　社会教育委員という存在

このようなことを考えてくると，行政委嘱委員である社会教育委員は，どうあるべきだとなるのだろうか。唐突な問いのように聞こえるかもしれないが，なぜ社会教育委員に焦点化しようとしているかといえば，住民の意思の反映として，住民の行政参加の一形態として，学校教育行政に先行する形で存在してきている「仕組み」であるからだ。しかしその意義については，大した議論はされてきていないというのが，大方の理解であろう。そもそも，その存在も，一般的に知られていないといえるだろう。

しかし，社会教育委員こそが，社会を変革する担い手になる，社会教育の状況を変えていく担い手になることができるのだ，ということもいえるのかもしれない，そのためには何をすべきか。いや，たいしたことはない，ごく普通に普通のことをやっていればよいのだろう。ただし，さまざまな出来事などの背景に関心をもち，地域の実情にも理解できるようになることは，当然のことだと認識すべきなのであろう。まさか，なのであるが，社会教育委員は地域における「エライ人」だと思っている人はいないだろう。

社会教育委員は，「社会教育に関する諸計画を立案」（社会教育法第17条）することが基本的な任務であり，そのために，さまざまな活動が必要になるのである。自らの地域・自治体の社会教育の状況を把握し，ほかの自治体の社会教育についても関心をもち，国の政策や関連の議論や研究などについてもそれなりに関心をもつことが，日常的な活動を「ごく普通に普通のこと」としてやることなのであろう。

社会教育委員の会議に出席し議論に加わることはもちろん，さまざまな研修の機会にも積極的に参加し（たとえ，自費での参加であっても，だといいですね），見識を深めることが求められるというわけだろう。一般社団法人全国社会教育委員連合（社教連）の活動にも関心をもち（これを読み終わったら，まずウェブサイトを確認してください），機関誌『社教情報』を講読したり，地区別の大会や全国大会に参加することなども意味のあることだと思えるのだが。そういう地道な活動ができる人によってしか，社会教育の未来は拓かれないのかもしれない。これからの社会教育，というものがあるとしたら，そのような社会教育委員によって支えられるものであろう。

［鈴木眞理］

※本章は，「持続可能な地域づくりに向けた社会教育の役割」『令和３年度北九州地区社会教育委員ブロック研修会』（福岡県教育委員会・福岡県社会教育委員連絡協議会，2022年３月）として刊行されたものをもとに，加筆修正したものである。

資　料

▩ 関連法規

教育基本法　（昭和22年3月31日法律第25号）

全部改正：平成18年12月22日法律第120号

我々日本国民は，たゆまぬ努力によって築いてきた民主的で文化的な国家を更に発展させるとともに，世界の平和と人類の福祉の向上に貢献することを願うものである。

我々は，この理想を実現するため，個人の尊厳を重んじ，真理と正義を希求し，公共の精神を尊び，豊かな人間性と創造性を備えた人間の育成を期するとともに，伝統を継承し，新しい文化の創造を目指す教育を推進する。

ここに，我々は，日本国憲法の精神にのっとり，我が国の未来を切り拓く教育の基本を確立し，その振興を図るため，この法律を制定する。

第一章　教育の目的及び理念

（教育の目的）

第一条　教育は，人格の完成を目指し，平和で民主的な国家及び社会の形成者として必要な資質を備えた心身ともに健康な国民の育成を期して行われなければならない。

（教育の目標）

第二条　教育は，その目的を実現するため，学問の自由を尊重しつつ，次に掲げる目標を達成するよう行われるものとする。

一　幅広い知識と教養を身に付け，真理を求める態度を養い，豊かな情操と道徳心を培うとともに，健やかな身体を養うこと。

二　個人の価値を尊重して，その能力を伸ばし，創造性を培い，自主及び自律の精神を養うとともに，職業及び生活との関連を重視し，勤労を重んずる態度を養うこと。

三　正義と責任，男女の平等，自他の敬愛と協力を重んずるとともに，公共の精神に基づき，主体的に社会の形成に参画し，その発展に寄与する態度を養うこと。

四　生命を尊び，自然を大切にし，環境の保全に寄与する態度を養うこと。

五　伝統と文化を尊重し，それらをはぐくんできた我が国と郷土を愛するとともに，他国を尊重し，国際社会の平和と発展に寄与する態度を養うこと。

（生涯学習の理念）

第三条　国民一人一人が，自己の人格を磨き，豊かな人生を送ることができるよう，その生涯にわたって，あらゆる機会に，あらゆる場所において学習することができ，その成果を適切に生かすことのできる社会の実現が図られなければならない。

（教育の機会均等）

第四条　すべて国民は，ひとしく，その能力に応じた教育を受ける機会を与えられなければならず，人種，信条，性別，社会的身分，経済的地位又は門地によって，教育上差別されない。

2　国及び地方公共団体は，障害のある者が，その障害の状態に応じ，十分な教育を受けられるよう，教育上必要な支援を講じなければならない。

3　国及び地方公共団体は，能力があるにもかかわらず，経済的理由によって修学が困難な者に対して，奨学の措置を講じなければならない。

第二章　教育の実施に関する基本

（義務教育）

第五条　国民は，その保護する子に，別に法律で定めるところにより，普通教育を受けさせる義務を負う。

2　義務教育として行われる普通教育は，各個人の有する能力を伸ばしつつ社会において自立的に生きる基礎を培い，また，国家及び社会の形成者として必要とされる基本的な資質を養うことを目的として行われるものとする。

3　国及び地方公共団体は，義務教育の機会を保障し，その水準を確保するため，適切な役割分担及び相互の協力の下，その実施に責任を負う。

4　国又は地方公共団体の設置する学校における義務教育については，授業料を徴収しない。

（学校教育）

第六条　法律に定める学校は，公の性質を有するものであって，国，地方公共団体及び法律に定める法人のみが，これを設置することができる。

2　前項の学校においては，教育の目標が達成されるよう，教育を受ける者の心身の発達に応じて，体系的な教育が組織的に行われなければならない。この場合において，教育を受ける者が，学校生活を営む上で必要な規律を重んずるとともに，自ら進んで学習に取り組む意欲を高めることを重視して行われなければならない。

（大学）

第七条　大学は，学術の中心として，高い教養と専門的能力を培うとともに，深く真理を探究して新たな知見を創造し，これらの成果を広く社会に提供することにより，社会の発展に寄与するものとする。

2　大学については，自主性，自律性その他の大学における教育及び研究の特性が尊重されなければならない。

（私立学校）

第八条　私立学校の有する公の性質及び学校教育において果たす重要な役割にかんがみ，国及び地方公共団体は，その自主性を尊重しつつ，助成その他の適当な方法によって私立学校教育の振興に努めなければならない。

（教員）

第九条　法律に定める学校の教員は，自己の崇高な使命を深く自覚し，絶えず研究と修養に励み，その職責の遂行に努めなければならない。

2　前項の教員については，その使命と職責の重要性にかんがみ，その身分は尊重され，待遇の適正が期せられるとともに，養成と研修の充実が図られなければならない。

（家庭教育）

第十条　父母その他の保護者は，子の教育について第一義的責任を有するものであって，生活のために必要な習慣を身に付けさせるとともに，自立心を育成し，心身の調和のとれた発達を図るよう努めるものとする。

2　国及び地方公共団体は，家庭教育の自主性を尊重しつつ，保護者に対する学習の機会及び情報の提供その他の家庭教育を支援するために必要な施策を講ずるよう努めなければならない。

（幼児期の教育）

第十一条　幼児期の教育は，生涯にわたる人格形成の基礎を培う重要なものであることにかんがみ，国及び地方公共団体は，幼児の健やかな成長に資する良好な環境の整備その他適当な方法によって，その振興に努めなければならない。

（社会教育）

第十二条　個人の要望や社会の要請にこたえ，社会において行われる教育は，国及び地方公共団体によって奨励されなければならない。

2　国及び地方公共団体は，図書館，博物館，公民館その他の社会教育施設の設置，学校の施設の利用，学習の機会及び情報の提供その他の適当な方法によって社会教育の振興に努めなければならない。

（学校，家庭及び地域住民等の相互の連携協力）

第十三条　学校，家庭及び地域住民その他の関係者は，教育におけるそれぞれの役割と責任を自覚するとともに，相互の連携及び協力に努めるものとする。

（政治教育）

第十四条　良識ある公民として必要な政治的教養は，教育上尊重されなければならない。

2　法律に定める学校は，特定の政党を支持し，又はこれに反対するための政治教育その他政治的活動をしてはならない。

（宗教教育）

第十五条　宗教に関する寛容の態度，宗教に関する一般的な教養及び宗教の社会生活における地位は，教育上尊重されなければならない。

2　国及び地方公共団体が設置する学校は，特定の宗教のための宗教教育その他宗教的活動をしてはならない。

第三章　教育行政

（教育行政）

第十六条　教育は，不当な支配に服することなく，この法律及び他の法律の定めるところにより行われるべきものであり，教育行政は，国と地方公共団体との適切な役割分担及び相互の協力の下，公正かつ適正に行われなければならない。

2　国は，全国的な教育の機会均等と教育水準の維持向上を図るため，教育に関する施策を総合的に策定し，実施しなければならない。

3　地方公共団体は，その地域における教育の振興を図るため，その実情に応じた教育に関する施策を策定し，実施しなければならない。

4　国及び地方公共団体は，教育が円滑かつ継続的に実施されるよう，必要な財政上の措置を講じなければならない。

（教育振興基本計画）

第十七条　政府は，教育の振興に関する施策の総合的かつ計画的な推進を図るため，教育の振興に関する施策についての基本的な方針及び講ずべき施策その他必要な事項について，基本的な計画を定め，これを国会に報告するとともに，公表しなければならない。

2　地方公共団体は，前項の計画を参酌し，その地域の実情に応じ，当該地方公共団体における教育の振興のための施策に関する基本的な計画を定めるよう努めなければならない。

第四章　法令の制定

第十八条　この法律に規定する諸条項を実施するため，必要な法令が制定されなければならない。

附　則

（施行期日）

1　この法律は，公布の日から施行する。

（社会教育法等の一部改正）

2　次に掲げる法律の規定中「教育基本法（昭和22年法律第25号）」を「教育基本法（平成18年法律第120号）」に改める。

一　社会教育法（昭和24年法律第207号）第一条

二　産業教育振興法（昭和26年法律第228号）第一条

三　理科教育振興法（昭和28年法律第186号）第一条

四　高等学校の定時制教育及び通信教育振興法（昭和28年法律第238号）第一条

五　義務教育諸学校における教育の政治的中立の確保に関する臨時措置法（昭和29年法律第157号）第一条

六　国立大学法人法（平成15年法律第112号）第三十七条第１項

七　独立行政法人国立高等専門学校機構法（平成15年法律第113号）第十六条

（放送大学学園法及び構造改革特別区域法の一部改正）

3　次に掲げる法律の規定中「教育基本法（昭和22年法律第25号）第九条第２項」を「教育基本法（平成18年法律第120号）第十五条第２項」に改める。

一　放送大学学園法（平成14年法律第156号）第十八条

二　構造改革特別区域法（平成14年法律第189号）第二十条第17項

生涯学習の振興のための施策の推進体制等の整備に関する法律

（平成２年６月29日法律第71号）最終改正：平成14年３月31日法律第15号

（目的）

第一条　この法律は，国民が生涯にわたって学習する機会があまねく求められている状況にかんがみ，生涯学習の振興に資するための都道府県の事業に関しその推進体制の整備その他の必要な事項を定め，及び特定の地区において生涯学習に係る機会の総合的な提供を促進するための措置について定めるとともに，都道府県生涯学習審議会の事務について定める等の措置を講ずることにより，生涯学習の振興のための施策の推進体制及び地域における生涯学習に係る機会の整備を図り，もって生涯学習の振興に寄与することを目的とする。

（施策における配慮等）

第二条　国及び地方公共団体は，この法律に規定する生涯学習の振興のための施策を実施するに当たっては，学習に関する国民の自発的意思を尊重するよう配慮するとともに，職業能力の開発及び向上，社会福祉等に関し生涯学習に資するための別に講じられる施策と相まって，効果的にこれを行うよう努めるものとする。

（生涯学習の振興に資するための都道府県の事業）

第三条　都道府県の教育委員会は，生涯学習の振興に資するため，おおむね次の各号に掲げる事業について，これらを相互に連携させつつ推進するために必要な体制の整備を図りつつ，これらを一体的かつ効果的に実施するよう努めるものとする。

一　学校教育及び社会教育に係る学習（体育に係るものを含む。以下この項において「学習」という。）並びに文化活動の機会に関する情報を収集し，整理し，及び提供すること。

二　住民の学習に対する需要及び学習の成果の評価に関し，調査研究を行うこと。

三　地域の実情に即した学習の方法の開発を行うこと。

四　住民の学習に関する指導者及び助言者に対する研修を行うこと。
五　地域における学校教育，社会教育及び文化に関する機関及び団体に対し，これらの機関及び団体相互の連携に関し，照会及び相談に応じ，並びに助言その他の援助を行うこと。
六　前各号に掲げるもののほか，社会教育のための講座の開設その他の住民の学習の機会の提供に関し必要な事業を行うこと。

2　都道府県の教育委員会は，前項に規定する事業を行うに当たっては，社会教育関係団体その他の地域において生涯学習に資する事業を行う機関及び団体との連携に努めるものとする。

（都道府県の事業の推進体制の整備に関する基準）

第四条　文部科学大臣は，生涯学習の振興に資するため，都道府県の教育委員会が行う前条第一項に規定する体制の整備に関し望ましい基準を定めるものとする。

2　文部科学大臣は，前項の基準を定めようとするときは，あらかじめ，審議会等（国家行政組織法（昭和二十三年法律第百二十号）第八条に規定する機関をいう。以下同じ。）で政令で定めるものの意見を聴かなければならない。これを変更しようとするときも，同様とする。

（地域生涯学習振興基本構想）

第五条　都道府県は，当該都道府県内の特定の地区において，当該地区及びその周辺の相当程度広範囲の地域における住民の生涯学習の振興に資するため，社会教育に係る学習（体育に係るものを含む。）及び文化活動その他の生涯学習に資する諸活動の多様な機会の総合的な提供を民間事業者の能力を活用しつつ行うことに関する基本的な構想（以下「基本構想」という。）を作成することができる。

2　基本構想においては，次に掲げる事項について定めるものとする。
一　前項に規定する多様な機会（以下「生涯学習に係る機会」という。）の総合的な提供の方針に関する事項
二　前項に規定する地区の区域に関する事項
三　総合的な提供を行うべき生涯学習に係る機会（民間事業者により提供されるものを含む。）の種類及び内容に関する基本的な事項
四　前号に規定する民間事業者に対する資金の融通の円滑化その他の前項に規定する地区において行われる生涯学習に係る機会の総合的な提供に必要な業務であって政令で定めるものを行う者及び当該業務の運営に関する事項
五　その他生涯学習に係る機会の総合的な提供に関する重要事項

3　都道府県は，基本構想を作成しようとするときは，あらかじめ，関係市町村に協議しなければならない。

4　都道府県は，基本構想を作成しようとするときは，前項の規定による協議を経た後，文部科学大臣及び経済産業大臣に協議することができる。

5　文部科学大臣及び経済産業大臣は，前項の規定による協議を受けたときは，都道府県が作成しようとする基本構想が次の各号に該当するものであるかどうかについて判断するものとする。
一　当該基本構想に係る地区が，生涯学習に係る機会の提供の程度が著しく高い地域であって政令で定めるもの以外の地域のうち，交通条件及び社会的自然的条件からみて生涯学習に係る機会の総合的な提供を行うことが相当と認められる地区であること。
二　当該基本構想に係る生涯学習に係る機会の総合的な提供が当該基本構想に係る地区及びその周辺の相当程度広範囲の地域における住民の生涯学習に係る機会に対する要請に適切にこたえるものであること。
三　その他文部科学大臣及び経済産業大臣が判断に当たっての基準として次条の規定により定める事項（以下「判断基準」という。）に適合するものであること。

6　文部科学大臣及び経済産業大臣は，基本構想につき前項の判断をするに当たっては，あらかじめ，関係行政機関の長に協議するとともに，文部科学大臣にあっては前条第二項の政令で定める審議会等の意見を，経済産業大臣にあっては産業構造審議会の意見をそれぞれ聴くものとし，前項各号に該当するものであると判断するに至ったときは，速やかにその旨を当該都道府県に通知するものとする。

7　都道府県は，基本構想を作成したときは，遅滞なく，これを公表しなければならない。

8　第三項から前項までの規定は，基本構想の変更（文部科学省令，経済産業省令で定める軽微な変更を除く。）について準用する。

（判断基準）

第六条　判断基準においては，次に掲げる事項を定めるものとする。

一　生涯学習に係る機会の総合的な提供に関する基本的な事項
二　前条第一項に規定する地区の設定に関する基本的な事項
三　総合的な提供を行うべき生涯学習に係る機会（民間事業者により提供されるものを含む。）の種類及び内容に関する基本的な事項
四　生涯学習に係る機会の総合的な提供に必要な事業に関する基本的な事項
五　生涯学習に係る機会の総合的な提供に際し配慮すべき重要事項
2　文部科学大臣及び経済産業大臣は，判断基準を定めるに当たっては，あらかじめ，総務大臣その他関係行政機関の長に協議するとともに，文部科学大臣にあっては第四条第二項の政令で定める審議会等の意見を，経済産業大臣にあっては産業構造審議会の意見をそれぞれ聴かなければならない。
3　文部科学大臣及び経済産業大臣は，判断基準を定めたときは，遅滞なく，これを公表しなければならない。
4　前二項の規定は，判断基準の変更について準用する。
第七条　削除
（基本構想の実施等）
第八条　都道府県は，関係民間事業者の能力を活用しつつ，生涯学習に係る機会の総合的な提供を基本構想に基づいて計画的に行うよう努めなければならない。
2　文部科学大臣は，基本構想の円滑な実施の促進のため必要があると認めるときは，社会教育関係団体及び文化に関する団体に対し必要な協力を求めるものとし，かつ，関係地方公共団体及び関係事業者等の要請に応じ，その所管に属する博物館資料の貸出しを行うよう努めるものとする。
3　経済産業大臣は，基本構想の円滑な実施の促進のため必要があると認めるときは，商工会議所及び商工会に対し，これらの団体及びその会員による生涯学習に係る機会の提供その他の必要な協力を求めるものとする。
4　前二項に定めるもののほか，文部科学大臣及び経済産業大臣は，基本構想の作成及び円滑な実施の促進のため，関係地方公共団体に対し必要な助言，指導その他の援助を行うよう努めなければならない。
5　前三項に定めるもののほか，文部科学大臣，経済産業大臣，関係行政機関の長，関係地方公共団体及び関係事業者は，基本構想の円滑な実施が促進されるよう，相互に連携を図りながら協力しなければならない。
第九条　削除
（都道府県生涯学習審議会）
第十条　都道府県に，都道府県生涯学習審議会（以下「都道府県審議会」という。）を置くことができる。
2　都道府県審議会は，都道府県の教育委員会又は知事の諮問に応じ，当該都道府県の処理する事務に関し，生涯学習に資するための施策の総合的な推進に関する重要事項を調査審議する。
3　都道府県審議会は，前項に規定する事項に関し必要と認める事項を当該都道府県の教育委員会又は知事に建議することができる。
4　前三項に定めるもののほか，都道府県審議会の組織及び運営に関し必要な事項は，条例で定める。
（市町村の連携協力体制）
第十一条　市町村（特別区を含む。）は，生涯学習の振興に資するため，関係機関及び関係団体等との連携協力体制の整備に努めるものとする。
附　則
（施行期日）
1　この法律は，平成2年7月1日から施行する。
附　則［抄］
（施行期日）
第1条　この法律は，平成14年4月1日から施行する。

社会教育法（昭和24年6月10日法律第207号）最終改正：令和4年6月17日法律第68号

第一章　総則

（この法律の目的）
第一条　この法律は，教育基本法（平成十八年法律第百二十号）の精神に則り，社会教育に関する国及び地方公共団体の任務を明らかにすることを目的とする。
（社会教育の定義）
第二条　この法律において「社会教育」とは，学校教育法（昭和二十二年法律第二十六号）

又は就学前の子どもに関する教育，保育等の総合的な提供の推進に関する法律（平成十八年法律第七十七号）に基づき，学校の教育課程として行われる教育活動を除き，主として青少年及び成人に対して行われる組織的な教育活動（体育及びレクリエーションの活動を含む。）をいう。

（国及び地方公共団体の任務）

第三条　国及び地方公共団体は，この法律及び他の法令の定めるところにより，社会教育の奨励に必要な施設の設置及び運営，集会の開催，資料の作製，頒布その他の方法により，すべての国民があらゆる機会，あらゆる場所を利用して，自ら実際生活に即する文化的教養を高め得るような環境を醸成するように努めなければならない。

2　国及び地方公共団体は，前項の任務を行うに当たつては，国民の学習に対する多様な需要を踏まえ，これに適切に対応するために必要な学習の機会の提供及びその奨励を行うことにより，生涯学習の振興に寄与することとなるよう努めるものとする。

3　国及び地方公共団体は，第一項の任務を行うに当たつては，社会教育が学校教育及び家庭教育との密接な関連性を有することにかんがみ，学校教育との連携の確保に努め，及び家庭教育の向上に資することとなるよう必要な配慮をするとともに，学校，家庭及び地域住民その他の関係者相互間の連携及び協力の促進に資することとなるよう努めるものとする。

（国の地方公共団体に対する援助）

第四条　前条第一項の任務を達成するために，国は，この法律及び他の法令の定めるところにより，地方公共団体に対し，予算の範囲内において，財政的援助並びに物資の提供及びそのあつせんを行う。

（市町村の教育委員会の事務）

第五条　市（特別区を含む。以下同じ。）町村の教育委員会は，社会教育に関し，当該地方の必要に応じ，予算の範囲内において，次の事務を行う。

一　社会教育に必要な援助を行うこと。

二　社会教育委員の委嘱に関すること。

三　公民館の設置及び管理に関すること。

四　所管に属する図書館，博物館，青年の家その他の社会教育施設の設置及び管理に関すること。

五　所管に属する学校の行う社会教育のための講座の開設及びその奨励に関すること。

六　講座の開設及び討論会，講習会，講演会，展示会その他の集会の開催並びにこれらの奨励に関すること。

七　家庭教育に関する学習の機会を提供するための講座の開設及び集会の開催並びに家庭教育に関する情報の提供並びにこれらの奨励に関すること。

八　職業教育及び産業に関する科学技術指導のための集会の開催並びにその奨励に関すること。

九　生活の科学化の指導のための集会の開催及びその奨励に関すること。

十　情報化の進展に対応して情報の収集及び利用を円滑かつ適正に行うために必要な知識又は技能に関する学習の機会を提供するための講座の開設及び集会の開催並びにこれらの奨励に関すること。

十一　運動会，競技会その他体育指導のための集会の開催及びその奨励に関すること。

十二　音楽，演劇，美術その他芸術の発表会等の開催及びその奨励に関すること。

十三　主として学齢児童及び学齢生徒（それぞれ学校教育法第十八条に規定する学齢児童及び学齢生徒をいう。）に対し，学校の授業の終了後又は休業日において学校，社会教育施設その他適切な施設を利用して行う学習その他の活動の機会を提供する事業の実施並びにその奨励に関すること。

十四　青少年に対しボランティア活動など社会奉仕体験活動，自然体験活動その他の体験活動の機会を提供する事業の実施及びその奨励に関すること。

十五　社会教育における学習の機会を利用して行つた学習の成果を活用して学校，社会教育施設その他地域において行う教育活動その他の活動の機会を提供する事業の実施及びその奨励に関すること。

十六　社会教育に関する情報の収集，整理及び提供に関すること。

十七　視聴覚教育，体育及びレクリエーションに必要な設備，器材及び資料の提供に関すること。

十八　情報の交換及び調査研究に関すること。

十九　その他第三条第一項の任務を達成するために必要な事務

2　市町村の教育委員会は，前項第十三号から第十五号までに規定する活動であつて地域住民その他の関係者（以下この項及び第九条の七第二項において「地域住民等」という。）が学校と協働して行うもの（以下「地域学校協働活動」という。）の機会を提供する事業を実施するに当たつては，地域住民等の積極的な参加を得て当該地域学校協働活動が学校との適切な連携の下に円滑かつ効果的に実施されるよう，地域住民等と学校との連携協力体制の整備，地域学校協働活動に関する普及啓発その他の必要な措置を講ずるものとする。

3　地方教育行政の組織及び運営に関する法律（昭和三十一年法律第百六十二号）第二十三条第一項の条例の定めるところによりその長が同項第一号に掲げる事務（以下「特定事務」という。）を管理し，及び執行することとされた地方公共団体（以下「特定地方公共団体」という。）である市町村にあつては，第一項の規定にかかわらず，同項第三号及び第四号の事務のうち特定事務に関するものは，その長が行うものとする。

（都道府県の教育委員会の事務）

第六条　都道府県の教育委員会は，社会教育に関し，当該地方の必要に応じ，予算の範囲内において，前条第一項各号の事務（同項第三号の事務を除く。）を行うほか，次の事務を行う。

一　公民館及び図書館の設置及び管理に関し，必要な指導及び調査を行うこと。

二　社会教育を行う者の研修に必要な施設の設置及び運営，講習会の開催，資料の配布等に関すること。

三　社会教育施設の設置及び運営に必要な物資の提供及びそのあつせんに関すること。

四　市町村の教育委員会との連絡に関すること。

五　その他法令によりその職務権限に属する事項

2　前条第二項の規定は，都道府県の教育委員会が地域学校協働活動の機会を提供する事業を実施する場合に準用する。

3　特定地方公共団体である都道府県にあつては，第一項の規定にかかわらず，前条第一項第四号の事務のうち特定事務に関するものは，その長が行うものとする。

（教育委員会と地方公共団体の長との関係）

第七条　地方公共団体の長は，その所掌に関する必要な広報宣伝で視聴覚教育の手段を利用することその他教育の施設及び手段によることを適当とするものにつき，教育委員会に対し，その実施を依頼し，又は実施の協力を求めることができる。

2　前項の規定は，他の行政庁がその所掌に関する必要な広報宣伝につき，教育委員会（特定地方公共団体にあつては，その長又は教育委員会）に対し，その実施を依頼し，又は実施の協力を求める場合に準用する。

第八条　教育委員会は，社会教育に関する事務を行うために必要があるときは，当該地方公共団体の長及び関係行政庁に対し，必要な資料の提供その他の協力を求めることができる。

第八条の二　特定地方公共団体の長は，特定事務のうち当該特定地方公共団体の教育委員会の所管に属する学校，社会教育施設その他の施設における教育活動と密接な関連を有するものとして当該特定地方公共団体の規則で定めるものを管理し，及び執行するに当たつては，当該教育委員会の意見を聴かなければならない。

2　特定地方公共団体の長は，前項の規則を制定し，又は改廃しようとするときは，あらかじめ，当該特定地方公共団体の教育委員会の意見を聴かなければならない。

第八条の三　特定地方公共団体の教育委員会は，特定事務の管理及び執行について，その職務に関して必要と認めるときは，当該特定地方公共団体の長に対し，意見を述べることができる。

（図書館及び博物館）

第九条　図書館及び博物館は，社会教育のための機関とする。

2　図書館及び博物館に関し必要な事項は，別に法律をもつて定める。

第二章　社会教育主事等

（社会教育主事及び社会教育主事補の設置）

第九条の二　都道府県及び市町村の教育委員会の事務局に，社会教育主事を置く。

2　都道府県及び市町村の教育委員会の事務局に，社会教育主事補を置くことができる。

（社会教育主事及び社会教育主事補の職務）

第九条の三　社会教育主事は，社会教育を行う者に専門的技術的な助言と指導を与える。ただし，命令及び監督をしてはならない。

2　社会教育主事は，学校が社会教育関係団体，地域住民その他の関係者の協力を得て教育活動を行う場合には，その求めに応じて，必要な助言を行うことができる。
3　社会教育主事補は，社会教育主事の職務を助ける。
（社会教育主事の資格）
第九条の四　次の各号のいずれかに該当する者は，社会教育主事となる資格を有する。
一　大学に二年以上在学して六十二単位以上を修得し，又は高等専門学校を卒業し，かつ，次に掲げる期間を通算した期間が三年以上になる者で，次条の規定による社会教育主事の講習を修了したもの
イ　社会教育主事補の職にあつた期間
ロ　官公署，学校，社会教育施設又は社会教育関係団体における職で司書，学芸員その他の社会教育主事補の職と同等以上の職として文部科学大臣の指定するものにあつた期間
ハ　官公署，学校，社会教育施設又は社会教育関係団体が実施する社会教育に関係のある事業における業務であつて，社会教育主事として必要な知識又は技能の習得に資するものとして文部科学大臣が指定するものに従事した期間（イ又はロに掲げる期間に該当する期間を除く。）
二　教育職員の普通免許状を有し，かつ，五年以上文部科学大臣の指定する教育に関する職にあつた者で，次条の規定による社会教育主事の講習を修了したもの
三　大学に二年以上在学して，六十二単位以上を修得し，かつ，大学において文部科学省令で定める社会教育に関する科目の単位を修得した者で，第一号イからハまでに掲げる期間を通算した期間が一年以上になるもの
四　次条の規定による社会教育主事の講習を修了した者（第一号及び第二号に掲げる者を除く。）で，社会教育に関する専門的事項について前三号に掲げる者に相当する教養と経験があると都道府県の教育委員会が認定したもの
（社会教育主事の講習）
第九条の五　社会教育主事の講習は，文部科学大臣の委嘱を受けた大学その他の教育機関が行う。
2　受講資格その他社会教育主事の講習に関し必要な事項は，文部科学省令で定める。
（社会教育主事及び社会教育主事補の研修）
第九条の六　社会教育主事及び社会教育主事補の研修は，任命権者が行うもののほか，文部科学大臣及び都道府県が行う。
（地域学校協働活動推進員）
第九条の七　教育委員会は，地域学校協働活動の円滑かつ効果的な実施を図るため，社会的信望があり，かつ，地域学校協働活動の推進に熱意と識見を有する者のうちから，地域学校協働活動推進員を委嘱することができる。
2　地域学校協働活動推進員は，地域学校協働活動に関する事項につき，教育委員会の施策に協力して，地域住民等と学校との間の情報の共有を図るとともに，地域学校協働活動を行う地域住民等に対する助言その他の援助を行う。

第三章　社会教育関係団体

（社会教育関係団体の定義）
第十条　この法律で「社会教育関係団体」とは，法人であると否とを問わず，公の支配に属しない団体で社会教育に関する事業を行うことを主たる目的とするものをいう。
（文部科学大臣及び教育委員会との関係）
第十一条　文部科学大臣及び教育委員会は，社会教育関係団体の求めに応じ，これに対し，専門的技術的指導又は助言を与えることができる。
2　文部科学大臣及び教育委員会は，社会教育関係団体の求めに応じ，これに対し，社会教育に関する事業に必要な物資の確保につき援助を行う。
（国及び地方公共団体との関係）
第十二条　国及び地方公共団体は，社会教育関係団体に対し，いかなる方法によつても，不当に統制的支配を及ぼし，又はその事業に干渉を加えてはならない。
（審議会等への諮問）
第十三条　国又は地方公共団体が社会教育関係団体に対し補助金を交付しようとする場合には，あらかじめ，国にあつては文部科学大臣が審議会等（国家行政組織法（昭和二十三年法律第百二十号）第八条に規定する機関をいう。第五十一条第三項において同じ。）で政令で定めるものの，地方公共団体にあつては教育委員会が社会教育委員の会議（社会教育委員が置かれていない場合には，条例で定めるところにより社会教育に係る補助金の交付に関する事項を調査審議する審議会その他の合議制の機関）の意見を聴いて行わなければならない。

（報告）
第十四条　文部科学大臣及び教育委員会は，社会教育関係団体に対し，指導資料の作製及び調査研究のために必要な報告を求めることができる。

第四章　社会教育委員

（社会教育委員の設置）
第十五条　都道府県及び市町村に社会教育委員を置くことができる。
2　社会教育委員は，教育委員会が委嘱する。
第十六条　削除
（社会教育委員の職務）
第十七条　社会教育委員は，社会教育に関し教育委員会に助言するため，次の職務を行う。
一　社会教育に関する諸計画を立案すること。
二　定時又は臨時に会議を開き，教育委員会の諮問に応じ，これに対して，意見を述べること。
三　前二号の職務を行うために必要な研究調査を行うこと。
2　社会教育委員は，教育委員会の会議に出席して社会教育に関し意見を述べることができる。
3　市町村の社会教育委員は，当該市町村の教育委員会から委嘱を受けた青少年教育に関する特定の事項について，社会教育関係団体，社会教育指導者その他関係者に対し，助言と指導を与えることができる。
（社会教育委員の委嘱の基準等）
第十八条　社会教育委員の委嘱の基準，定数及び任期その他社会教育委員に関し必要な事項は，当該地方公共団体の条例で定める。この場合において，社会教育委員の委嘱の基準については，文部科学省令で定める基準を参酌するものとする。
第十九条　削除

第五章　公民館

（目的）
第二十条　公民館は，市町村その他一定区域内の住民のために，実際生活に即する教育，学術及び文化に関する各種の事業を行い，もつて住民の教養の向上，健康の増進，情操の純化を図り，生活文化の振興，社会福祉の増進に寄与することを目的とする。
（公民館の設置者）
第二十一条　公民館は，市町村が設置する。
2　前項の場合を除くほか，公民館は，公民館の設置を目的とする一般社団法人又は一般財団法人（以下この章において「法人」という。）でなければ設置することができない。
3　公民館の事業の運営上必要があるときは，公民館に分館を設けることができる。
（公民館の事業）
第二十二条　公民館は，第二十条の目的達成のために，おおむね，左の事業を行う。但し，この法律及び他の法令によつて禁じられたものは，この限りでない。
一　定期講座を開設すること。
二　討論会，講習会，講演会，実習会，展示会等を開催すること。
三　図書，記録，模型，資料等を備え，その利用を図ること。
四　体育，レクリエーション等に関する集会を開催すること。
五　各種の団体，機関等の連絡を図ること。
六　その施設を住民の集会その他の公共的利用に供すること。
（公民館の運営方針）
第二十三条　公民館は，次の行為を行つてはならない。
一　もつぱら営利を目的として事業を行い，特定の営利事務に公民館の名称を利用させその他営利事業を援助すること。
二　特定の政党の利害に関する事業を行い，又は公私の選挙に関し，特定の候補者を支持すること。
2　市町村の設置する公民館は，特定の宗教を支持し，又は特定の教派，宗派若しくは教団を支援してはならない。
（公民館の基準）
第二十三条の二　文部科学大臣は，公民館の健全な発達を図るために，公民館の設置及び運営上必要な基準を定めるものとする。
2　文部科学大臣及び都道府県の教育委員会は，市町村の設置する公民館が前項の基準に従つて設置され及び運営されるように，当該市町村に対し，指導，助言その他の援助に努めるものとする。
（公民館の設置）
第二十四条　市町村が公民館を設置しようとするときは，条例で，公民館の設置及び管理に関する事項を定めなければならない。
第二十五条及び第二十六条　削除
（公民館の職員）
第二十七条　公民館に館長を置き，主事その他必要な職員を置くことができる。

2　館長は，公民館の行う各種の事業の企画実施その他必要な事務を行い，所属職員を監督する。

3　主事は，館長の命を受け，公民館の事業の実施にあたる。

第二十八条　市町村の設置する公民館の館長，主事その他必要な職員は，当該市町村の教育委員会（特定地方公共団体である市町村の長がその設置，管理及び廃止に関する事務を管理し，及び執行することとされた公民館（第三十条第一項及び第四十条第一項において「特定公民館」という。）の館長，主事その他必要な職員にあつては，当該市町村の長）が任命する。

（公民館の職員の研修）

第二十八条の二　第九条の六の規定は，公民館の職員の研修について準用する。

（公民館運営審議会）

第二十九条　公民館に公民館運営審議会を置くことができる。

2　公民館運営審議会は，館長の諮問に応じ，公民館における各種の事業の企画実施につき調査審議するものとする。

第三十条　市町村の設置する公民館にあつては，公民館運営審議会の委員は，当該市町村の教育委員会（特定公民館に置く公民館運営審議会の委員にあつては，当該市町村の長）が委嘱する。

2　前項の公民館運営審議会の委員の委嘱の基準，定数及び任期その他当該公民館運営審議会に関し必要な事項は，当該市町村の条例で定める。この場合において，委員の委嘱の基準については，文部科学省令で定める基準を参酌するものとする。

第三十一条　法人の設置する公民館に公民館運営審議会を置く場合にあつては，その委員は，当該法人の役員をもつて充てるものとする。

（運営の状況に関する評価等）

第三十二条　公民館は，当該公民館の運営の状況について評価を行うとともに，その結果に基づき公民館の運営の改善を図るため必要な措置を講ずるよう努めなければならない。

（運営の状況に関する情報の提供）

第三十二条の二　公民館は，当該公民館の事業に関する地域住民その他の関係者の理解を深めるとともに，これらの者との連携及び協力の推進に資するため，当該公民館の運営の状況に関する情報を積極的に提供するよう努めなければならない。

（基金）

第三十三条　公民館を設置する市町村にあつては，公民館の維持運営のために，地方自治法（昭和二十二年法律第六十七号）第二百四十一条の基金を設けることができる。

（特別会計）

第三十四条　公民館を設置する市町村にあつては，公民館の維持運営のために，特別会計を設けることができる。

（公民館の補助）

第三十五条　国は，公民館を設置する市町村に対し，予算の範囲内において，公民館の施設，設備に要する経費その他必要な経費の一部を補助することができる。

2　前項の補助金の交付に関し必要な事項は，政令で定める。

第三十六条　削除

第三十七条　都道府県が地方自治法第二百三十二条の二の規定により，公民館の運営に要する経費を補助する場合において，文部科学大臣は，政令の定めるところにより，その補助金の額，補助の比率，補助の方法その他必要な事項につき報告を求めることができる。

第三十八条　国庫の補助を受けた市町村は，左に掲げる場合においては，その受けた補助金を国庫に返還しなければならない。

一　公民館がこの法律若しくはこの法律に基く命令又はこれらに基いてした処分に違反したとき。

二　公民館がその事業の全部若しくは一部を廃止し，又は第二十条に掲げる目的以外の用途に利用されるようになつたとき。

三　補助金交付の条件に違反したとき。

四　虚偽の方法で補助金の交付を受けたとき。

（法人の設置する公民館の指導）

第三十九条　文部科学大臣及び都道府県の教育委員会は，法人の設置する公民館の運営その他に関し，その求めに応じて，必要な指導及び助言を与えることができる。

（公民館の事業又は行為の停止）

第四十条　公民館が第二十三条の規定に違反する行為を行つたときは，市町村の設置する公民館にあつては当該市町村の教育委員会（特定公民館にあつては，当該市町村の長），法人の設置する公民館にあつては都道府県の教育委員会は，その事業又は行為の停止を命ずることができる。

2　前項の規定による法人の設置する公民館の事業又は行為の停止命令に関し必要な事項は，都道府県の条例で定めることができる。

（罰則）

第四十一条　前条第一項の規定による公民館の事業又は行為の停止命令に違反する行為をした者は，一年以下の懲役若しくは禁錮こ又は三万円以下の罰金に処する。

（公民館類似施設）

第四十二条　公民館に類似する施設は，何人もこれを設置することができる。

2　前項の施設の運営その他に関しては，第三十九条の規定を準用する。

第六章　学校施設の利用

（適用範囲）

第四十三条　社会教育のためにする国立学校（学校教育法第一条に規定する学校（以下この条において「第一条学校」という。）及び就学前の子どもに関する教育，保育等の総合的な提供の推進に関する法律第二条第七項に規定する幼保連携型認定こども園（以下「幼保連携型認定こども園」という。）であつて国（国立大学法人法（平成十五年法律第百十二号）第二条第一項に規定する国立大学法人（次条第二項において「国立大学法人」という。）及び独立行政法人国立高等専門学校機構を含む。）が設置するものをいう。以下同じ。）又は公立学校（第一条学校及び幼保連携型認定こども園であつて地方公共団体（地方独立行政法人法（平成十五年法律第百十八号）第六十八条第一項に規定する公立大学法人（次条第二項及び第四十八条第一項において「公立大学法人」という。）を含む。）が設置するものをいう。以下同じ。）の施設の利用に関しては，この章の定めるところによる。

（学校施設の利用）

第四十四条　学校（国立学校又は公立学校をいう。以下この章において同じ。）の管理機関は，学校教育上支障がないと認める限り，その管理する学校の施設を社会教育のために利用に供するように努めなければならない。

2　前項において「学校の管理機関」とは，国立学校にあつては設置者である国立大学法人の学長若しくは理事長又は独立行政法人国立高等専門学校機構の理事長，公立学校のうち，大学及び幼保連携型認定こども園にあつては設置者である地方公共団体の長又は公立大学法人の理事長，大学及び幼保連携型認定こども園以外の公立学校にあつては設置者である地方公共団体に設置されている教育委員会又は公立大学法人の理事長をいう。

（学校施設利用の許可）

第四十五条　社会教育のために学校の施設を利用しようとする者は，当該学校の管理機関の許可を受けなければならない。

2　前項の規定により，学校の管理機関が学校施設の利用を許可しようとするときは，あらかじめ，学校の長の意見を聞かなければならない。

第四十六条　国又は地方公共団体が社会教育のために，学校の施設を利用しようとするときは，前条の規定にかかわらず，当該学校の管理機関と協議するものとする。

第四十七条　第四十五条の規定による学校施設の利用が一時的である場合には，学校の管理機関は，同条第一項の許可に関する権限を学校の長に委任することができる。

2　前項の権限の委任その他学校施設の利用に関し必要な事項は，学校の管理機関が定める。

（社会教育の講座）

第四十八条　文部科学大臣は国立学校に対し，地方公共団体の長は当該地方公共団体が設置する大学若しくは幼保連携型認定こども園又は当該地方公共団体が設立する公立大学法人が設置する公立学校に対し，地方公共団体に設置されている教育委員会は当該地方公共団体が設置する大学及び幼保連携型認定こども園以外の公立学校に対し，その教育組織及び学校の施設の状況に応じ，文化講座，専門講座，夏期講座，社会学級講座等学校施設の利用による社会教育のための講座の開設を求めることができる。

2　文化講座は，成人の一般的教養に関し，専門講座は，成人の専門的学術知識に関し，夏期講座は，夏期休暇中，成人の一般的教養又は専門的学術知識に関し，それぞれ大学，高等専門学校又は高等学校において開設する。

3　社会学級講座は，成人の一般的教養に関し，小学校，中学校又は義務教育学校において開設する。

4　第一項の規定する講座を担当する講師の報酬その他必要な経費は，予算の範囲内において，国又は地方公共団体が負担する。

第七章　通信教育

（適用範囲）

第四十九条　学校教育法第五十四条，第七十条第一項，第八十二条及び第八十四条の規定により行うものを除き，通信による教育に関しては，この章の定めるところによる。

（通信教育の定義）

第五十条　この法律において「通信教育」とは，通信の方法により一定の教育計画の下に，教材，補助教材等を受講者に送付し，これに基き，設問解答，添削指導，質疑応答等を行う教育をいう。

2　通信教育を行う者は，その計画実現のために，必要な指導者を置かなければならない。

（通信教育の認定）

第五十一条　文部科学大臣は，学校又は一般社団法人若しくは一般財団法人の行う通信教育で社会教育上奨励すべきものについて，通信教育の認定（以下「認定」という。）を与えることができる。

2　認定を受けようとする者は，文部科学大臣の定めるところにより，文部科学大臣に申請しなければならない。

3　文部科学人臣が，第一項の規定により，認定を与えようとするときは，あらかじめ，第十三条の政令で定める審議会等に諮問しなければならない。

（認定手数料）

第五十二条　文部科学大臣は，認定を申請する者から実費の範囲内において文部科学省令で定める額の手数料を徴収することができる。ただし，国立学校又は公立学校が行う通信教育に関しては，この限りでない。

第五十三条　削除

（郵便料金の特別取扱）

第五十四条　認定を受けた通信教育に要する郵便料金については，郵便法（昭和二十二年法律第百六十五号）の定めるところにより，特別の取扱を受けるものとする。

（通信教育の廃止）

第五十五条　認定を受けた通信教育を廃止しようとするとき，又はその条件を変更しようとするときは，文部科学大臣の定めるところにより，その許可を受けなければならない。

2　前項の許可に関しては，第五十一条第三項の規定を準用する。

（報告及び措置）

第五十六条　文部科学大臣は，認定を受けた者に対し，必要な報告を求め，又は必要な措置を命ずることができる。

（認定の取消）

第五十七条　認定を受けた者がこの法律若しくはこの法律に基く命令又はこれらに基いてした処分に違反したときは，文部科学大臣は，認定を取り消すことができる。

2　前項の認定の取消に関しては，第五十一条第三項の規定を準用する。

附　則　抄

1　この法律は，公布の日から施行する。

5　この法律施行前通信教育認定規程（昭和22年文部省令第22号）により認定を受けた通信教育は，第五十一条第1項の規定により，認定を受けたものとみなす。

附　則（令和四年六月一七日法律第六八号）抄

（施行期日）

1　この法律は，刑法第一部改正法施行日から施行する。

■ 基礎データ

資料図表1　社会教育施設の設置数

	2005	2008	2011	2015	2018	2021
公民館	18, 182 (3. 7)	16, 566 (8. 2)	15, 399 (8. 6)	14, 841 (8. 8)	14, 281 (9. 9)	13, 798 (10. 7)
図書館	2, 979 (1. 8)	3, 165 (6. 5)	3, 274 (10. 7)	3, 331 (15. 6)	3, 360 (18. 9)	3, 394 (20. 9)
博物館	1, 196 (13. 9)	1, 248 (19. 0)	1, 262 (21. 8)	1, 256 (23. 9)	1, 286 (25. 9)	1, 305 (26. 6)
博物館類似施設	4, 418 (16. 7)	4, 527 (27. 8)	4, 485 (29. 9)	4, 434 (31. 1)	4, 452 (31. 2)	4, 466 (30. 8)
青少年教育施設	1, 320 (16. 7)	1, 129 (33. 5)	1, 048 (38. 5)	941 (41. 0)	891 (42. 5)	840 (46. 3)
女性教育施設	183 (15. 4)	380 (27. 8)	375 (31. 8)	367 (34. 1)	358 (35. 8)	358 (36. 2)
社会体育施設	48, 055 (20. 7)	47, 925 (32. 0)	47, 571 (35. 4)	47, 536 (39. 0)	46, 981 (40. 7)	45, 658 (42. 1)
劇場，音楽堂等	1, 885 (35. 8)	1, 893 (50. 2)	1, 866 (53. 7)	1, 851 (57. 7)	1, 827 (58. 8)	1, 832 (60. 1)
生涯学習センター	— —	384 (17. 7)	409 (22. 2)	449 (26. 9)	478 (32. 4)	496 (33. 5)

出所：各年度の社会教育統計（文部科学省）をもとに作成。括弧内は，施設数のうち，公立施設の指定管理者制度の導入率。公民館は，公民館類似施設を含む。

資料図表2　社会教育施設の人的状況

	指導系職員数		ボランティア数		利用者数	
公民館	11, 795	(0. 9)	102, 976	(7. 5)	117, 719	(8. 5)
図書館	22, 055	(6. 5)	93, 947	(27. 7)	143, 099	(10. 0)
博物館	6, 059	(4. 6)	33, 049	(25. 3)	66, 395	(8. 5)
博物館類似施設	4, 022	(0. 9)	33, 212	(7. 4)	75, 992	(42. 2)
青少年教育施設	2, 720	(3. 2)	17, 596	(20. 9)	8, 130	(50. 9)
女性教育施設	455	(1. 3)	37, 968	(106. 1)	4, 738	(17. 0)
社会体育施設	18, 800	(0. 4)	64, 175	(1. 4)	290, 102	(9. 7)
劇場，音楽堂等	2, 254	(0. 9)	14, 104	(7. 7)	7, 099	(13. 2)
生涯学習センター	907	(1. 8)	15, 720	(31. 7)	12, 342	(6. 4)

出所：令和3年度社会教育統計（文部科学省）をもとに作成。括弧内は1館当たりの人数。公民館は，公民館類似施設を含む。利用者数は，学級・講座や諸集会の参加者を含み，単位は千人。

資料図表３　学校の状況

	学校数	教員数	うち本務者	在学者数
幼稚園	15,819	279,497	227,713	1,685,104
小学校	18,980	477,167	424,297	6,049,685
中学校	9,944	294,767	247,485	3,177,508
義務教育学校	207	8,196	7,448	76,045
高等学校	4,791	296,288	223,246	2,918,501
中等教育学校	57	3,670	2,829	33,817
特別支援学校	1,178	94,771	87,869	151,362
大学	1,113	414,272	198,407	3,032,288
高等専門学校	58	5,888	3,984	56,576

出所：令和５年度学校基本統計（文部科学省）をもとに作成。幼稚園は，幼保連携型認定こども園を，大学は，短期大学を含む。

資料図表４　コミュニティ・スクールおよび地域学校協働本部の状況

	公立学校数	コミュニティ・スクール数		地域学校協働本部がカバーする学校数	
幼稚園	2,437	341	(14.0)	510	(20.9)
小学校	18,437	10,812	(58.6)	13,487	(73.2)
中学校	9,010	5,167	(57.3)	6,173	(68.5)
義務教育学校	202	152	(75.2)	152	(75.2)
高等学校	3,449	1,144	(33.2)	581	(16.8)
中等教育学校	35	8	(22.9)	4	(11.4)
特別支援学校	1,117	511	(45.7)	237	(21.2)

出所：令和５年度コミュニティ・スクール及び地域学校協働活動実施状況調査（文部科学省）をもとに作成。括弧内の数値は，各学校数が公立学校数に占める％。なお，同調査によれば，全国の地域学校協働活動推進員等は，33,399人であり，そのうち13,144人が，社会教育法に基づき，地域学校協働活動推進員として委嘱されている。

資料図表５　社会教育行政の状況

	県	市（区）	町	村	組合	計
教育委員会数	46	813	738	182	15	1,794
うち社会教育主事設置	43 (93.5)	345 (42.4)	269 (36.4)	27 (14.8)	4 (26.7)	688 (38.4)
うち社会教育委員設置	45 (97.8)	783 (96.3)	725 (98.2)	164 (90.1)	7 (46.7)	1,724 (96.1)
社会教育主事数	596	802	376	40	8	1,822
うち専任	574	589	252	20	8	1,443
うち兼任	22	81	111	18	0	232
うち非常勤	0	132	13	2	0	147
社会教育委員数	613	9,757	7,293	1,184	104	18,951

出所：令和３年度社会教育統計（文部科学省）をもとに作成。社会教育主事数には，派遣社会教育主事，社会教育主事補を含んでいる。括弧内の数値は，各設置数が教育委員会数に占める％。

資料図表6　学級・講座の学習内容別開設状況

	教育委員会	首長部局	公民館	生涯学習センター
教養の向上	10,415	7,333	13,964	1,868
趣味・けいこごと	15,654	14,652	75,214	3,703
体育・レクリエーション	16,603	25,081	47,811	3,429
家庭教育・家庭生活	16,729	45,074	32,844	1,834
職業知識・技術の向上	470	2,433	1,292	266
市民意識・社会連帯意識	5,766	20,698	15,431	1,126
指導者養成	597	792	1,213	222
その他	997	877	51,316	122

出所：令和3年度社会教育統計（文部科学省）をもとに作成。公民館は，公民館類似施設を含む。単位は件。

資料図表7　「市民意識・社会連帯意識」に関する学級・講座の開設状況

	教育委員会	首長部局	公民館	生涯学習センター
自然保護・環境問題・公害問題	221	2,326	811	105
国際理解・国際情勢問題	175	455	294	94
科学技術・情報化	66	16	73	14
男女共同参画・女性問題	104	728	454	35
高齢化・少子化	233	771	1,145	32
障害者	285	1,171	558	32
同和問題・人権問題	1,043	764	1,499	57
教育問題	379	233	104	41
消費者問題	111	1,666	214	25
地域・郷土の理解	1,124	1,009	2,795	245
まちづくり・住民参加	393	672	2,785	150
ボランティア活動・NPO	223	1,703	1,064	87
自治体行政・経営	219	177	515	13
地域防災対策・安全	497	7,975	1,553	73
その他	693	1,032	1,567	123
計	5,766	20,698	15,431	1,126

出所：令和3年度社会教育統計（文部科学省）をもとに作成。公民館は，公民館類似施設を含む。単位は件。

資料図表 8　１年間の月１日以上の学習の状況

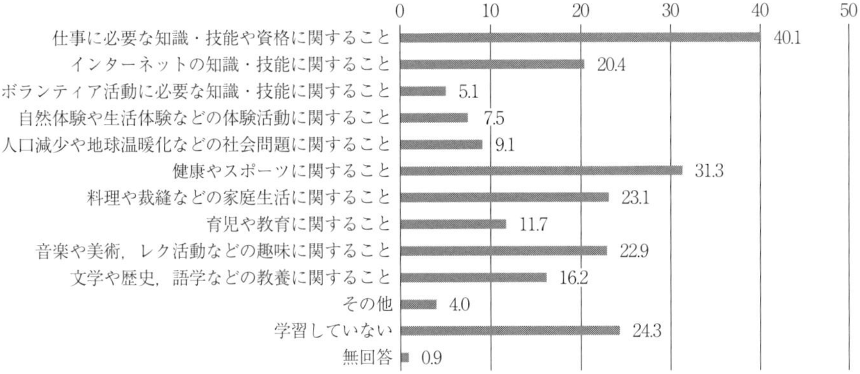

出所：令和４年度生涯学習に関する世論調査（内閣府）をもとに作成。単位は％，N＝1, 557。

資料図表 9　今後学習したい場所や形態

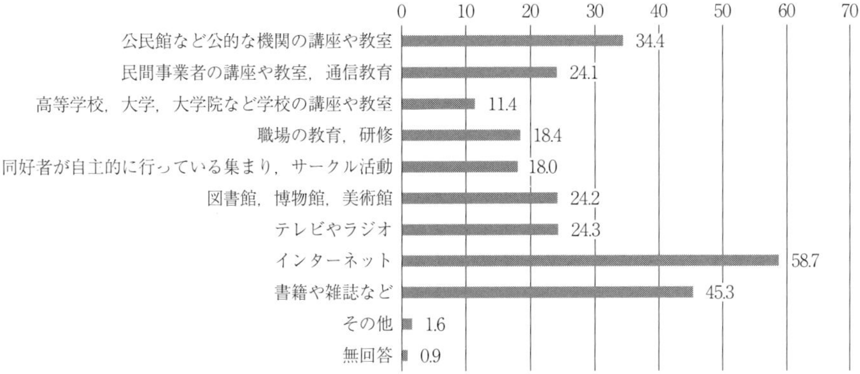

出所：令和４年度生涯学習に関する世論調査（内閣府）をもとに作成。単位は％，N＝1, 397。

資料図表作成：仲村拓真

■ 関係年表

本書の関連頁 / 部分（▶は国内，▷は国外）

年（元号）	国内の動き	国外の動き	
1924（大13）	文部省, 社会教育課設置		▶3, 130
1945（昭20）	文部省, 社会教育局復活	国際連合発足	▷52
1946（昭21）	文部省, 公民館の設置運営に関する通牒		▶82
1947（昭22）	教育基本法・学校教育法公布		
1949（昭24）	社会教育法公布		
1950（昭25）	図書館法公布		▶4, 132
1951（昭26）	博物館法公布 社会教育法改正（社会教育主事に関する規定の追加）		▶4, 132
1953（昭28）	青年学級振興法公布		▶4, 132
1959（昭34）	社会教育法改正（社会教育関係団体への補助金交付など）		
1965（昭40）		ユネスコ,「生涯教育」理念の提起	▷3, 10, 116
1968（昭43）	文化庁設置		▶123
1969（昭44）	国民生活審議会コミュニティ問題小委員会「コミュニティ」報告		▶78, 140
1971（昭46）	社会教育審議会「急激な社会構造の変化に対処する社会教育のあり方について」答申		▶24, 139
1972（昭47）		国連人間環境会議「人間環境宣言」 ユネスコ, フォール委員会報告『未来の学習』	▷11, 88 ▷116
1975（昭50）		国連「国際婦人年」	▷24, 52, 139
1981（昭56）	中央教育審議会「生涯教育について」答申	国連「国際障害者年」	▶25, 139 ▷35
1985（昭60）		ユネスコ「学習権宣言」 国連「女性差別撤廃条約」	▷52, 154 ▷35
1987（昭62）	臨時教育審議会, 教育改革に関する第4次答申		
1988（平63）	文部省, 社会教育局廃止, 生涯学習局新設		▶140, 145
1990（平2）	中央教育審議会「生涯学習の基盤整備について」答申 生涯学習振興法公布	ユネスコ「万人のための教育世界宣言」	▶35, 140 ▶141 ▷38
1992（平4）	生涯学習審議会「今後の社会の動向に対応した生涯学習の振興方策について」答申		▶13, 141, 156
1994（平6）		ユネスコ「サラマンカ宣言」	▷38
1995（平7）	高齢社会対策基本法公布	世界女性会議「北京行動綱領」	▶24 ▷52
1996（平8）	生涯学習審議会「地域における生涯学習機会の充実方策について」答申	ユネスコ21 世紀教育国際員会報告「学習―秘められた宝」(ドロール・レポート)	▶142 ▷116
1998（平10）	特定非営利活動促進法（NPO 法）公布 生涯学習審議会「社会の変化に対応した今後の社会教育行政の在り方について」答申		▶80, 145, 149 ▶5, 127, 143
1999（平11）	地方分権の推進を図るための関係法律の整備等に関する法律公布 青年学級振興法廃止 社会教育法改正（公民館運営審議会必置規定の廃止など） 男女共同参画社会基本法公布 生涯学習審議会「学習の成果を幅広く生かす」答申		▶53, 56, 143 ▶143, 147 ▶27, 145 ▶53 ▶143

2000（平12）	中央教育審議会「少子化と教育について」報告 生涯学習審議会「新しい情報通信技術を活用した生涯学習の推進について」答申 生涯学習審議会社会教育分科審議会「家庭の教育力の充実等のための社会教育行政の体制整備について」報告 高度情報通信ネットワーク社会形成基本法公布		▶26 ▶143 ▶143 ▶63
2001（平11）	文部省生涯学習局，文部科学省生涯学習政策局へ組織再編 社会教育法改正（家庭教育の向上，体験活動の実施奨励，公民館運営審議会任意設置化など）		▶27
2002（平14）	中央教育審議会「青少年の奉仕活動・体験活動の推方策等について」答申	ヨハネスブルグサミット「持続可能な開発のための教育（ESD）」提唱	▶143 ▷8, 90, 114
2003（平15）	中央教育審議会答申「新しい時代にふさわしい教育基本法と教育振興基本計画の在り方について」 少子化対策基本法公布		▶143 ▶24
2006（平18）	教育基本法全面改正（生涯学習の理念の明記）	国連「障害者の権利に関する条約」	▶2, 144, 150 ▷31, 39, 126
2008（平20）	中央教育審議会「新しい時代を切り拓く生涯学習の振興方策について―知の循環型社会の構築を目指して―」答申 社会教育法改正（学校，家庭及び地域住民等の連携促進，社会教育関係団体への補助金支出に関する規制廃止など）		▶144 ▶147
2012（平24）	子ども・子育て支援法公布		▶24
2013（平25）	障害者差別解消法公布		▶39
2015（平27）	スポーツ庁設置 中央教育審議会「新しい時代の教育や地方創生の実現に向けた学校と地域の連携・協働の在り方と今後の推進方策について」答申	国連総会「我々の世界を変革する：持続可能な開発のための2030 アジェンダ」	▶123 ▷3, 10, 90, 151
2016（平28）	中央教育審議会「個人の能力と可能性を開花させ，全員参加による課題解決社会を実現するための教育の多様化と質保証のあり方について」答申 「次世代の学校・地域」創生プラン		▶75 ▶151
2017（平29）	社会教育法改正（地域学校協働活動の位置づけ） 文部科学省，障害者学習支援推進室設置		▶32, 125, 152
2018（平30）	中央教育審議会「人口減少時代の新しい地域づくりに向けた社会教育の振興方策について」答申 文部科学省，生涯学習政策局を廃止，総合教育政策局新設		▶149 ▶151
2019（平31）	学校卒業後における障害者の学びの推進に関する有識者会議「障害者の生涯学習の推進方策について―誰もが，障害の有無にかかわらず共に学び，生きる共生社会を目指して―」報告 GIGA スクール構想 中央教育審議会学校における働き方改革特別部会「新しい時代の教育に向けた持続可能な学校指導・運営体制の構築のための学校における働き方改革に関する総合的な方策について」答申		▶39, 152 ▶64 ▶108
2021（令3）	デジタル社会形成基本法公布		▶72
2023（令5）	こども家庭庁設置		▶24

索　引

（法律・答申などの項目は前掲の関係年表を参照されたい）

CLC　93
ESD　90, 131, 154
LGBTQ +　60
LGBT 理解増進法　61
M 字カーブ　51
NPO　81, 145
SDGs　3, 12, 90, 125, 150, 153
Think globally, act locally　9

[あ行]
アクセシビリティ　67, 126
アンコンシャス・バイアス　48
アンラーニング（unlearning）　109
イリイチ　117
インクルーシブな社会　38
インクルージョン　37, 126
インターネットコミュニティ　66, 77, 81, 86
ウェルビーング　153
エシカル消費　15
遠隔教育　29
エンパワメント　23, 53

[か行]
学習課題　156
学習権宣言　35, 52, 154
学習論　6, 54, 85
家庭教育支援　26
環境と開発に関する国際会議（地球サミット）　90
関係人口　29
教育基本法　2, 115, 131, 164
――改正　2, 144, 150, 157
教育と福祉の谷間　35
教育を受ける権利　101
共生社会　33, 38
共同学習　22, 29, 120
ギリガン　51
ケア労働　51
限界集落　23, 80
現代的課題　13, 157
公共性　87, 118, 158
公民館　3, 68, 82, 93, 98, 111, 124, 136, 159
合理的配慮　40, 126
高齢化　13, 23, 80, 153
高齢社会対策基本法　24
国連人間環境会議　11
子育て　26, 31, 55, 111
こども家庭庁　24
子ども・子育て支援法　24
コミュニティ　76, 92
コミュニティ・スクール（学校運営協議会制度）　106
コミュニティセンター　84
コミュニティワーク型の専門性　127

[さ行]
再帰的近代化　12
サスティナブル都市　91
サポート・バット・ノーコントロール　137
サラマンカ声明　38
ジェルピ　116
ジェンダー　48
ジェンダー規範　48
ジェンダー・ギャップ指数　49
ジェンダーバイアス　59
自己教育　85
持続可能な開発のための教育（ESD）　90, 131, 154
持続可能な開発目標（SDGs）　3, 12, 90, 125, 150, 153
持続可能な開発　91, 153
持続可能な消費　16
自治体大合併　78
指定管理者　84
社会関係資本（ソーシャル・キャピタル）　80
社会教育関係団体　4, 27, 83, 133, 137
社会教育委員　162
社会教育施設　4, 69, 84, 118, 136, 146
社会教育主事　5, 73, 120, 127, 136, 152, 160
社会教育士　160
社会教育法　2, 34, 56, 84, 115, 136, 168

——改正　27, 145
社会的排除　37
社会的包摂　37
社会福祉協議会　42
社会に開かれた教育課程　111
自由時間　31
住民運動　19, 83, 92
循環型社会　99
生涯学習社会　154
生涯学習の振興のための施策の推進体制等の整備に関する法律（生涯学習振興法）35, 166
障害者学習支援推進室　32
障害者権利条約　32, 126
障害者雇用促進法　33
生涯スポーツ　122
障害の「社会モデル」40
少子化社会対策基本法　24
初期公民館構想　82
女性問題学習　55
消費者シティズンシップ教育　16
人口減少社会　29
生態系サービス　94
青年学級振興法　138
青年団　22, 83, 132
性別役割分業　34, 49, 51
世代間交流　25, 43
世代間の公正　89
ソーシャル系大学　86

[た行]
第3の居場所　45
退職準備教育　25
対話　58, 82, 107, 117
男女共同参画社会　53, 153
男女共同参画社会基本法　53, 56
地域運営組織　79
地域課題解決学習　157
地域学校協働活動　85, 107
地域福祉　40
地域密着人口　24
地縁型コミュニティ　77
定常経済　30
哲学カフェ　58
テーマ型コミュニティ　81
当事者性　40, 48, 158
特定非営利活動促進法（NPO法）80
特別支援教育　39
特別な支援　39
都市型公民館　83
図書館　3, 69, 118, 127, 136
図書館法　4, 132
ドロール報告　116

[な行]
人間環境宣言　11, 88
ネットワーク型行政　149
ノールズ　6

[は行]
博物館　3, 69, 118, 127, 136
博物館法　4, 132
働き方改革　104
万人のための教育　38
必要課題　156
フォール報告　116
福祉教育　43, 90
不登校　102
フレイレ　117
文化芸術活動　123
北京行動綱領　53
ボランティア　80

[ま行]
マイノリティ　51, 60
マクグレガー　16

[や行]
ユネスコ　10
要求課題　156

[ら行]
ラングラン　10, 116
リカレント教育　141
リスキング　30
リスク社会　12
レクリエーション　1, 120
老後問題学習　25

[わ行]
ワーク・ライフ・バランス　30

［編　者］

津田 英二（つだ　えいじ）　神戸大学教授

伊藤 真木子（いとう　まきこ）　青山学院大学教授

鈴木 眞理（すずき　まこと）　青山学院大学名誉教授

生涯学習と社会教育の基礎

2024年11月25日　第1版第1刷発行

編　者　津田 英二・伊藤 真木子・鈴木 眞理

発行者　二村 和樹

発行所　人言洞 合同会社 〈NingenDo LLC〉

〒234-0052　神奈川県横浜市港南区笹下6-5-3

電話　045（352）8675㈹

FAX　045（352）8685

https://www.ningendo.net

印刷所　亜細亜印刷株式会社

定価はカバーに表示してあります。

乱丁・落丁の場合は小社にてお取替えします。

ISBN 978-4-910917-14-6